KB084005

사는 게 불안한 사람들을 위한 철학 수업

사는 게 불안한
사람들을 위한
철학
수업

존 셀라스 지음 — 송민경 옮김

더 퀘스트

＂ 행복한 삶을 위해 필요한 건

당신 안에 다 있다. _마르쿠스 아우렐리우스 **99**

철학책을 읽지 않는 사람들에게도 인생의 정답으로 느껴질 책.

— 《데일리메일》

* * *

이 책은 스토아 철학에서 현대인에게 도움이 될 정수를 뽑아 매우 짧은 분량으로 풀어냈다. 존 셀라스는 현대인들에게 더 행복하고 나은 사람이 되는 방법을 감탄스러울 정도로 명쾌하고 간결하게 전한다.

— 《가디언》

* * *

이해하기 쉬우며 몰입하게 만드는 철학책.

— 《스코츠맨》

* * *

훌륭하다! 셀라스는 삶의 방식으로서의 스토아 철학을 누구든 실천할 수 있도록 명쾌하고 쉽게 설명한다. 이는 누구나 쉽게 하지 못하는 일이다.

— 나이절 워버턴, 《철학의 역사》 저자

존 셀라스는 스토아 철학자처럼 일주일 동안 살아보는 것을 가르치는 모임의 창립 멤버로서 스토아 철학을 권하는 데 이상적인 인물임에 틀림이 없다. 그리고 셀라스의 이 책은 인생을 살아가는 데 스토아 철학이 어떤 도움을 줄 수 있는지 명확하게 설명한다. 우리가 자신의 감정을 통제할 수 있게 하고, 역경을 극복하는 데 도움을 주며, 다른 사람과 좋은 관계를 쌓는 데 훌륭한 지침이 된다. ― 리처드 소랍지, 킹스칼리지런던대학교 명예교수

* * *

이 책은 현대인의 삶에 놀라우리만치 딱 들어맞는다. 존 셀라스는 위대한 로마 스토아 철학자들이 남긴 가르침의 정수만을 뽑아 감정을 관리하고, 역경을 상대하며, 죽음을 직시하고, 매 순간과 상황에 효율적으로 대처하는 방법을 이야기했다. 이 책은 왜 스토아 철학이 우리 시대의 철학으로 자리 잡아야 하는지 훌륭하게 보여준다. 이 책을 읽어보기를 적극적으로 추천한다.

― 앤서니 A. 롱, UC버클리대학교 철학과 교수

어떻게 살아야 할지 불안한 사람들에게

누군가가 당신이 살면서 겪는 모든 괴로움을 피하는 방법이 있다고 이야기한다면 어떤 생각이 드나요? 여기서 괴로움이란 통증이나 허기와 같은 육체적 괴로움이 아니라, 삶에 부정적인 영향을 끼치는 불안, 좌절, 공포, 실망, 분노와 대체로 불쾌함을 자아내는 정신적 괴로움을 말합니다. 이 모든 괴로움이 세상을 잘못된 방식으로 바라보기 때문에 생겨난 것이고 통제력만으로 완전히 피할 수 있다고 하면 당신은 믿을 수 있나요?

이 주장은 1~2세기에 로마에서 활동한 세 명의 위대한 스토아 철학자 세네카 Seneca, 에픽테토스 Epictetus, 마르쿠스 아우렐리우스 Marcus Aurelius의 문헌에 담겨 있는 내용입니다. 세네카는 네로 Nero 황제의 스승이었고, 에픽테토스는 노예 출신으로 자유를 얻은 뒤에 철학 학교를 설립했죠. 아우렐리우스는 로마의 황제였습니다. 세 사람의 삶은 아주 달랐지만, 그들은 모두 잘 사는 방법에 대한 지침으로 스토아 철학을 받아들였어요.

세 철학자가 저술 활동을 한 시기는 스토아 철학이 생겨나고 수백 년은 흐른 뒤입니다. 스토아 철학이 태어난 곳은 아테네였습니다. 창시자는 키프로스 출신의 제논 Zenon of Citium이었고요. 전해오는 이야기에 따르면, 제논은 기원전 300년경 장사를 하러 아테네에 온 무역상의 아들이었습니다. 제논은 그곳에서 도시의 철학자와 교분을 쌓으며 여러 학파의 대가에게 가르침을 받았어요. 그 뒤에는 한 명의 철학가 밑에서 계속 배우는 대신 깨달은 바를 전파하겠노라 결심했고, 아테네 중앙 광장의 '벽화가 그려진 회랑 Painted Stoa'에서 강의를 시작했습니다. 제논을 따르는 제자들은 순식간에 늘어났고, 이내 회랑을 뜻하는 '스토아'를 붙여 '스토아주의자'로 불렸습니다. 이후 소아시아에서 아테네로 건너온 클레안테스 Cleanthes와 크리시포스 Chrysippus가 제논의 뒤를 이으며 스토아학파는 더욱 발전했죠. 그리고 동쪽으로 훨씬 떨어진 곳에서 온 바빌론의 디오게네스 Diogenes of Babylon 같은 스토아 철학자들이 계보를 이어갔습니다. 이러한 초기 스토아 철학자들의 문헌은 현재 하나도 남아 있지 않습니다. 고대의 파피루스 두루마리가 중세의 양피지 사본으로 옮겨지지 못했기 때문이죠. 따라서 그들의 사상은 모두 후대 작가들의 인용과 요약에 기초해 전해지고 있습니다.

이와는 대조적으로 앞서 말한 로마 스토아 철학자 세 명의 문헌은 상당히 잘 보존되었습니다. 세네카의 경우, 다양한 철학적 주제에 관한 에세이와 그가 벗 루킬리우스 Lucilius에게 보낸 서신 묶음, 비극 작품 몇 편이 남아 있죠. 에픽테토스는 직접 글을 남기지 않았지만, 그의 제자 아리아노스 Arrianos가 학교에서 들은 스승의 강의를 기록하여 몇몇 주제로 요약한 금언집을 펴낸 것이 전해져 오고 있습니다. 아우렐리우스는 다른 두 철학자와 다르게 스토

아 철학의 중심 사상을 파악하려 고심하고 삶에서 실천한 경험을 담은 개인 비망록을 남겼지요.

이십 세기 동안 독자에게 영감을 준 세 철학자의 문헌은 삶의 방향을 찾으려는 이가 맞닥뜨리는 해묵은 문제에 답을 제시합니다. 근본적으로 그들의 글은 어떻게 살아야 하는가에 관한 것이죠. 즉 세상에서 자신의 역할을 깨닫는 법과 일이 잘 풀리지 않을 때 대처하는 법, 감정을 다스리고 타인을 대하는 법, 이성적인 인간으로서 바르게 사는 법을 담고 있습니다.

먼저 마음 치료에 관해 알아보는 것으로 시작하죠. 스토아 철학자들은 그들의 철학으로 마음을 치료할 수 있다고 생각했거든요. 이어서 우리가 통제할 수 있는 것과 통제할 수 없는 것은 무엇인지, 우리의 어떤 사고방식이 불쾌한 감정을 자아내는지 탐구하겠습니다. 그런 다음 바깥 세계와의 관계와 그 안에서 우리에게 주어진 역할에 대해 생각해보겠습니다. 마지막으로 일상생활의 기쁨과 스트레스, 양쪽 모두의 주요 원인이 되는 타인과의 관계에 초점을 맞추며 결론을 내리도록 하죠.

'타인과 거리를 두는 냉정한 스토아주의자'라는 대중적 고정관념으로는 세 로마 철학자에게서 발견할 수 있는 다채로운 사고방식을 정의하기가 쉽지 않습니다. 그들의 글은 모든 사람의 삶에 영향을 미치는 관심사에 대해 이야기하기에 오랜 기간 사랑받는 고전이 되었지요. 지금도 그 인기는 계속되어, 새로운 세대 또한 세 철학자의 글에서 유용한 가르침을 찾고 있습니다.

차 례

"

철학자의 처방을 따르면 인간은 어떤 존재이며 그 지식에 비추어 어떻게 살아갈 것인가에 대한 방향을 되찾을 수 있습니다. 물론 신념과 판단력, 가치관 같은 우리 영혼의 상태에 관심을 가지기 시작하는 것이야말로 이를 향한 첫걸음이죠.

"

I

영혼을 돌보는 의사, 철학자

철학자의 처방이 필요한 사람들

✳
✳ ✳
✳

1세기 말엽, 소아시아에서 온 노예 출신으로 아직까지도 본명이 밝혀지지 않은 한 철학자가 그리스 서부 해안 작은 도시에 철학 학교를 세웠습니다. 나라를 통치하는 데 현자들이 잠재적 위협이 될 것이라 판단한 도미티아누스Domitianus 황제가 다른 철학자들과 함께 로마에서 추방한 철학자였죠. 그 철학자가 서부 해안의 니코폴리스라는 소도시를 찾은 것은 온전히 자신의 선택이라고는 할 수 없었습니다.

노예 출신인 이 남자가 바로 에픽테토스입니다. 그 이름은 그리스어로 '획득한 자'를 의미하지요. 에픽테토스가 학교를 운영하는 동안, 유명한 방문객과 수많은 학생이 도시로 모여들었습니다. 이전 몇몇 황제들보다 철학자에게 훨씬 호의적인 하드리아누스 Hadrianus 황제도 찾아왔죠. 에픽테토스 본인은 아무것도 글로 남기지 않았습니다. 아리아노스라는 젊은 제자가 학교에서 스승과의 담론을 적어두었다가 나중에 《담화록 Discourses of Epictetus》을 펴냈지요. 참고로 아리아노스도 훗날 스스로의 힘으로 권위 있는 역사가가 된답니다.

《담화록》에 따르면, 철학자로서의 자신의 역할에 대한 에픽테토스의 생각은 꽤 명확합니다. 에픽테토스는 철학자란 의사이며, 철학자의 학교는 영혼을 치료하는 병원이라 말했지요. 철학에 대한 에픽테토스의 정의는 소크라테스 Socrates 까지 거슬러 올라갑니다. 그리스 철학의 전통을 따른 것이죠. 플라톤 Platon 의 초기 대화편에 보면 소크라테스는 의사가 사람의 육체를 돌보는 것처럼 철학자의 과업 또한 사람의 영혼을 돌보는 것이라고 주장했어요. '영혼'이라 해서 실체가 없는 불멸의 초자연적인 무엇을 떠올려서는 안 됩니다. 이 문맥에서는 영혼을 사람의 마음, 생각, 신념으로 이해해야 하죠. 철학자의 과업은 사람의 생각을 분석하고 헤아리면서 그것의 일관성과 타당성을 고찰하는 것입니다. 고대의 철학자든 현대의 철학자든, 거의 모두가 여기에 동의하리라 생각합니다.

소크라테스와 그의 뒤를 이은 스토아 철학자는 영혼의 상태가 삶의 질을 좌우한다고 생각했기 때문에, 영혼을 돌보는 과업도 몸을 돌보는 것만큼 중요하게 여겼습니다. 소크라테스는 동시대 아테네인이 자신의 육체와 소유물에는 관심이 많지만 영혼, 즉 생각이나 신념, 가치와 성품에는 거의 관심이 없음을 질책한 것으로도 유명합니다. 또 즐겁고 행복한 삶의 비결이 전자가 아니라 후자를 지키는 것이라고도 주장했고요. 후일 스토아 철학자들이 강조한 것처럼 소크라테스는 막대한 재산 등의 물질은 무가치하다는 점을 보여주려 했죠. 좀 더 정확히 말하자면, 물질적인 부는 좋은 목적으로도 나쁜 목적으로도 사용할 수 있기에 가치중립적이라고 주장했습니다. 다시 말하자면 돈은 그 자체로 선하지도 악하지도 않아요. 돈이 좋은 목적으로 쓰이느냐, 나쁜 목적으로 쓰이느냐는 오직 돈을 가진 사람의 성품에 달린 것이죠. 선한 사람은 좋은 일을 행하려 돈을 쓰는 반면 선하지 않은 사람은 큰 해악을 끼치려 돈을 사용할 수도 있으니까요.

이 이야기가 뜻하는 바는 무엇일까요? 이는 좋고 나쁨을 판단하는 기준은 돈 자체가 아니라 돈을 가진 사람의 성품이라는 사실을 보여줍니다. 또한 자신의 성품을 어질게 만들지 못하면서 돈과 소유물에만 지나치게 집착하는 것은 중대한 실수라는 뜻이기도 하죠. 사람들이 이를 깨닫도록 자극하고, 영혼의 결점을 치유할 수 있도록 이끄는 것이 곧 철학자의 일입니다.

성품을 어질게 만들려면 영혼의 상태에 관심을 기울이고 세속적인 성공이나 돈, 평판에는 무심해져야 합니다. 스토아학파는 이러한 것들을 '무관한 것 indifferents'이라고 표현했습니다. 훌륭하고 고결한 성품만이 진정한 선이고, 그에 반대되는 부도덕한 성품이 악일 뿐, 그 밖의 모든 것은 단지 '무관한 것'에 지나지 않는다고 주장했죠.

소크라테스의 뒤를 이은 철학자 중에도 이렇게 생각하는 사람들이 있었어요. 바로 키니코스학파 Cynics(견유학파)의 철학자들로, 그중 가장 유명한 사람이 한동안 주인 없는 개처럼 통 속에서 살았다고 전해지는 시노페의 디오게네스 Diogenes of Sinope죠. 디오게네스는 고결하고 훌륭한 성품만 추구하고 다른 모든 것을 버린 채 자연과 어우러지는 검소하고 소박한 삶을 살자고 주창했습니다. 두 손을 모아 물을 떠 마시는 아이를 보고는 "아이에게 한 수 배웠구나"라고 말한 뒤, 몇 개 없는 소지품 중 하나인 물그릇마저 내버렸다고 해요.

그러나 소크라테스와 키니코스학파의 관점은 궁극적으로 달랐습니다. 소크라테스는 돈을 좋은 목적과 나쁜 목적 모두를 위해 사용할 수 있다고 말했지만, 이는 돈이 전혀 없다면 좋은 일을 할 수 없다는 이야기가 되죠. 아리스토텔레스 Aristoteles가 말한 바와 같이 관대함이나 자비심 같은 몇몇 미덕을 실천하려면 어느 정도는 부가 필요하니까요. 반면에 디오게네스는 소유에 강한 반감을 보이며 물질적인 것들을 '무관한 것'이라고 말하는 주장을 넘어서는 듯했죠. 정말로 돈이 선도 악도 아닌 무관한 것이라면, 당신이 무일푼 거지든 지독한 부자든 상관없지 않을까요? 하지만 디오게네스는 언제나 부자보다는 거지가 낫다고 말하는 것 같았습니다. 가난에 대한 이러한 예찬은 후기 기독교에도 영향을 끼쳤지요.

스토아학파의 창시자인 제논은 키니코스학파의 생활방식에 잠시 끌렸지만 결국은 다른 삶의 방식을 택했습니다. 디오게네스는 우리가 자연과 조화를 이루며 살아야 한다고 말했지만 제논은 생존하기 위해 필요한 음식과 주거지, 건강을 유지하고 육신을 편안히 해주는 것들을 추구하는 일은 매우 당연하다고 말했어요. 우리 모두가 바라는 것들이고, 이를 나쁘게 생각할 이유는 없다는 것이죠. 우리가 물질적 번영을 추구하는 것은 생존을 보장하는 데 도움이 되기 때문입니다.

일상적인 표현으로 우리에게 이익이 되는 것을 '선 good'이라고 말할 수도 있습니다. 하지만 소크라테스의 뒤를 이은 제논은 '선'이라는 단어를 고결하고 훌륭한 성품의 몫으로 남겨두고 싶어했어요. 그래서 '선'이라는 단어 대신, '가치가 있다'라는 표현을 사용했죠. 우리는 건강과 부, 평판을 가치 있게 여기기는 하지만, 성품을 선의 척도로 놓고 볼 때 이 중 어느 것도 선이라 부르지는 않습니다. 제논은 이러한 것들을 '선호할 만한 것 preferred indifferents'이라고 불렀어요. 가치는 동일하게 여긴다 해도, 우리 모두 가난보다는 부귀를, 병보다는 건강을, 경멸받기보다는 존경받기를 선호하겠죠. 당연합니다. 누군들 그러지 않겠어요? 자, 하지만 이 점을 유념해야 해요. 진정한 선은 고결한 성품이므로 다른 것들을 좇느라 자신의 성품을 굽혀서는 안 됩니다. 또한 다른 어느 것도 그 자체로 자신을 행복하게 할 수 있다고 생각해서도 안 되죠. 그저 생존의 필요를 충족하기 위해서가 아니라, 돈이 선하고 행복한 삶을 안겨줄 것이라고 생각해서 돈을 추구하는 사람은 실수를 하는 셈입니다. 더 나아가 명성이나 돈을 좇아 자신의 진실성을 굽히는 사람은 한낱 '무관한 것' 때문에 진정으로 유일

24

한 선인 성품을 손상시켰기 때문에 더 큰 실수를 저질렀다고 봐야 합니다.

이것이 에픽테토스가 니코폴리스의 학교에서 펼친 담론의 일부분입니다. 에픽테토스의 제자는 대부분 로마 제국의 관리가 될 상류층의 자제였을 텐데, 에픽테토스의 가르침이 그들을 더욱 성장시켰으리라 기대해봅니다.

그렇다면 영혼을 돌본다는 것은 무엇을 의미할까요? 또 훌륭한 성품을 갖추려면 무엇이 필요할까요? 고리타분한 단어를 좀 빌리자면, 바로 '미덕 virtue'입니다. 구체적으로는 스토아학파가 4대 덕목으로 꼽은 지혜와 정의, 용기와 절제를 뜻하죠. 선한 성품을 지닌 좋은 사람이 된다는 것은 이런 덕목을 갖춘 존재가 된다는 의미입니다. 처음에는 '미덕'에 대한 이 모든 이야기가 도덕주의자의 말처럼 고리타분하게 들릴 수 있으니, 다른 방식으로 설명해보겠습니다. 좋은 사람이란 어떤 사람일까요? 좋은 탁자나 칼에 대해 이야기하는 것과 같은 방식으로 좋은 사람에 관해 서술해봅시다. 안정적으로 균형이 맞으면 좋은 탁자, 날이 잘 들면 좋은 칼이라고 말할 수 있을 거예요. 만약 인간이 천성적으로 태어나면서부터 자동으로 공동체에 속하는 사회적 동물이라면, 좋은 사람이란 사교적으로 행동하는 사람을 의미하겠죠. 다른 사람을 잘 대하지 못하는 사람, 즉 스토아학파가 말하는 4대 덕목인 지혜와 정의, 용기와 절제를 지니지 못한 사람은 어떤 의미에서는 좋은 사람이 되지 못한 거라고 볼 수 있어요. 만약 누군가가 좋은 사람이 되기에 실패한다면 우리는 심지어 그가 정말로 사람이 맞나 생각할 수 있습니다. 그리고 다른 사람을 상대로 극악무도한 범죄를 저지른 사람을 보면 "저자는 괴물이야"라고 말할지도 모르고요.

그런 말을 듣길 바라는 사람은 아무도 없겠죠. 소크라테스는 부도덕하고 불쾌한 자가 되려는 사람은 아무도 없다고 생각했고, 스토아 철학자들도 그의 생각을 따랐습니다. 혹여 무엇이 선하고 유익한가를 가르는 기준이 걷잡을 수 없이 비틀린 사람이 있을지언정, 자신이 선하다고 생각하는 바를 추구하는 것이 사람입니다. 다시 처음으로 돌아가서 바로 이것이 철학자가 관여하는 문제입니다. 영혼의 의사인 철학자의 과업은 무엇이 선하고 악한지, 무엇이 유익하며, 무엇이 선하고 행복한 삶을 누리는 데 필요한지에 대해 우리가 품고 있는 기존의 신념을 고찰하도록 북돋우는 것입니다.

스토아학파의 이론에 따르면, 선하고 행복한 삶은 자연과 조화를 이루는 삶입니다. 우리를 둘러싼 사물의 세계인 자연 Nature에 융화되어 살아야 한다는 생각과 우리 내면의 자연 nature인 인간의 본성과 조화롭게 살아야 한다는 생각, 둘 모두를 포함하지요. 근래의 사회 분위기는 인간이 선천적으로 이기적이고 경쟁심이 강하며 늘 자신의 이익을 추구한다고 생각하도록 조장합니다만 인간의 본성에 대한 스토아학파의 견해는 이와 상당히 다르고 좀 더 낙관적입니다. 스토아 철학자들은 인간을 스스로의 의지에 맡겨두더라도 자연의 이치에 따라 이성적이고 덕을 갖춘 성인으로 자라는 존재라고 생각했지요. 인간은 천성적으로 사리를 분별하는 사회적 동물이니까요. 물론 성장 과정에 많은 방해와 간섭이 생길 수도 있고, 그런 환경에서는 타고난 성향과 어울리지 않는 삶을 살게 될 수도 있죠. 당연히 삶은 불행해지고 고통스러워질 거예요.

바로 그때 다시 정상궤도에 오를 수 있도록 처방해주는 의사, 즉 철학자의 도움이 필요해요. 철학자의 처방을 따르면 인간은 어떤 존재이며 그 지식에 비추어 어떻게 살아갈 것인가에 대한 방향을 되찾을 수 있습니다. 소크라

테스가 권했듯, 신념과 판단력, 가치관 같은 우리 영혼의 상태에 관심을 가지기 시작하는 것이야말로 이를 향한 첫 걸음이죠.

자, 여기서 정리해보겠습니다. 삶의 외적인 측면을 변화시키고 싶은 마음이야 당연하겠지만, 먼저 자신의 내면에 세심한 주의를 기울여보세요. 이것이 이 책의 첫 번째 가르침입니다.

"

우리는 마음속 모든 것을 완전히 통제할 수 없습니다. 어떻게 느끼고 무엇을 기억할지 선택할 수도 없고, 감정을 껐다 켰다 하지도 못합니다. 하지만 판단, 즉 자신에게 일어난 일을 어떻게 생각하는지 표현하는 것만큼은 완전히 통제할 수 있습니다.

"

Ⅱ

당신의 판단이
당신을 결정짓는다

할 수 있는 일에 집중하고 나서야 보이는 것들

✻
✻ ✻
✻

우리는 인생의 어떤 부분을 마음대로 할 수 있을까요? 자신의 건강 상태를 스스로 선택할 수 있을까요? 어떤 사건에 휘말릴지 말지를 미리 결정할 수 있나요? 사랑하는 사람의 죽음을 막을 수 있을까요? 또는 누구를 사랑할지, 누구의 사랑을 받을지 선택할 수 있나요? 자신이 성공을 거두리라고 장담할 수 있나요? 우리는 이런 일을 얼마만큼 제어할 수 있을까요? 인간은 자신에게 벌어지는 일들에 다양한 방식으로 영향을 끼칩니다. 하지만 자신의 행동이 유리하게 작용할 것이라고 확신하지는 못하지요. 스토아학파는 이 점에 깊게 심취했습니다.

에픽테토스의 《엥케이리디온 Encheiridion》은 '우리에게 달려 있다'라고 생각하는 것과 그렇지 않은 것에 대해 상당히 직설적으로 답하면서 시작합니다. 에픽테토스는 우리가 제어할 수 있는 것, 즉 우리 힘으로 해결이 가능한 것으로 는 판단과 충동, 욕구가 있으며, 그 밖에 자신의 신체, 물질적 소유, 세속적인 성공과 평판 등을 포함한 거의 모든 것은 본질적으로 제어할 수 없다고 말했죠. 우리가 겪는 불행의 대부분은 그저 자신이 제어할 수 없는 것을 제어할 수 있다고 생각한 결과물이라고도 덧붙였습니다.

이 말은 개인이 제어할 수 있는 것이 내면에 있느냐 외면에 있느냐에 따라 달라진다는 이야기로 들립니다. 자신의 마음을 제어할 수는 있지만, 주변 세상은 통제할 수 없다는 것이죠. 또는 정신적인 것과 육체적·물질적인 것의 차이라고 생각할 수도 있습니다. 생각은 제어할 수 있지만, 몸이나 재물은 뜻대로 되지 않는다고 말이죠. 그런데 양쪽 모두 말의 요지를 제대로 파악한 듯해도 사실 정답은 아닙니다. 에픽테토스는 우리가 내면의 모든 것, 즉 모든 생각을 제어할 수 있다고 말하지 않았습니다. 대신에 어떤 생각과 그에 따른 행동은 조절할 수 있다고 주장했지요. 더 정확히 설명하자면, 에픽테토스는 우리가 진정으로 제어할 수 있는 것은 각자의 판단과 그 판단에서 기인하는 것뿐이라고 말했습니다. 우리는 마음속 모든 것을 완전히 통제할 수 없습니다. 어떻게 느끼고 무엇을 기억할지 선택할 수도 없고, 감정을 껐다 켰다 하지도 못합니다(감정에 관한 이야기는 다음 장에서 자세히 다루겠습니다). 하지만 판단, 즉 자신에게 일어난 일을 어떻게 생각하는지 표현하는 것만큼은 완전히 통제할 수 있습니다.

자, 우리의 판단은 매우 중요합니다. 다른 무엇보다도 판단이 우리의 행동을 결정짓기 때문이죠. 에픽테토스의 말에 따르면 판단은 욕망과 충동을 통제합니다. 우리가 어떤 것을 보고 좋은 것이라 판단하면, 욕구가 일어나고 결국 그것을 추구하고 싶은 마음이 생깁니다. 선망하는 직업, 값비싼 집, 무엇을 바라느냐에 따라 그 욕망은 자기 자신과 다른 사람들 모두가 큰 대가를 치러야 하는 길고 고된 여정을 시작하게 만들 수도 있죠. 모두 판단이라는 하나의 생각 때문에요.

이렇게 판단은 모든 것의 바탕이 됩니다. 그러나 우리는
판단을 가볍게 여기며, 일말의 고민도 없이 서둘러 판단
을 내리기도 합니다. 우리는 무엇이 좋은지 너무 빠르게
그리고 자주 판단하기 때문에, 어느 순간부터는 판단해야
할 대상이 그 자체로 좋은 것이라 여기기 시작하죠. 그러
나 우리 바깥의 것들 중 본래부터 좋은 것이란 없으며 모
든 것들은 변하기 마련입니다. 오로지 고결한 성품만이
진정으로 좋은 것입니다. 에픽테토스의 글에 심취한 로마
황제 마르쿠스 아우렐리우스는 겉보기에 가치 있어 보이
는 것들을 판단하기에 앞서 그것들의 물리적 본질을 상기
하려고 노력했습니다. "훌륭한 식사란 한낱 돼지나 물고
기의 사체일 뿐이다" 하는 식으로 말입니다. 그렇다면 비
싼 기기나 고급 승용차 역시 금속과 플라스틱덩어리일 뿐
이겠죠. 이런 화려한 물건이 지니고 있는 듯 보이는 가치
는 우리가 판단으로 부여한 것일 뿐, 실제로 그 사물 자체
의 속성이 아닙니다.

에픽테토스의 말에 따르면, 우리가 자신의 판단을 완전히

통제할 수 있고, 약간의 성찰과 훈련을 거치면 사물을 경솔하게 판단하는 경향도 극복할 수 있다고 하니 다행스러운 일입니다. 이렇게 판단의 주인이 될 수 있다면 우리는 자기 삶의 완전한 주인이 될 수 있을 것입니다. 무엇을 중요하게 여기고, 무엇을 바라며, 어떻게 행동할지 스스로 결정하겠지요. 행복은 완벽하게 우리의 손안에 있을 것입니다. 에픽테토스의 말은 우리가 어느 것도 통제할 수 없다는 이야기 같지만, 실제로는 우리가 스스로의 안녕을 위해 진정으로 중요한 모든 것을 좌지우지할 수 있다는 것을 의미합니다.

에픽테토스가 우리의 힘으로 통제할 수 없다고 말하는, 외양, 재물, 세속적인 성공과 평판 등 우리의 마음을 사로잡는 것들을 다시 살펴볼까요? 앞서 스토아 철학자들이 이 중 어느 것도 본래부터 좋은 것은 없다고 주장한다 말했습니다만 에픽테토스의 주장은 약간 다릅니다. 에픽테토스는 당신이 이런 것들을 좋다고 생각한들, 사실 어찌할 도리가 없다고 말했죠. 만약 당신이 이런 것 중 하나에 자신의 행복이 달려 있다고 생각한다면, 당신의 행복은 스스로 제어할 수 없는 힘에 극도로 취약해집니다. 연애든 출세하고 싶은 야망이든 물질적인 소유든 외모든 이런 것 중 하나에 당신의 행복이 달려 있다면, 당신은 무언가 또는 다른 누군가의 변덕에 자신의 행복을 넘겨준 것이나 다름없습니다. 바람직한 상황이라고 볼 수 없죠. 그리고 당신이 이런 것들을 통제할 수 있다고 생각한다면, 그렇지 않다는 사실이 명백해지는 순간 크게 좌절하고 실망하게 될 거예요.

여기서 우리는 에픽테토스가 바깥 세계를 포기하거나 외면해야 한다고 말한 것은 아니라는 점을 알아야 합니다. 무언가를 제어할 수 없다고 해서 그것을 못 본 척해야 하는 것은 아니니까요. 단지 삶 속에서 제어할 수 없는 것을 대하는 올바른 태도를 배우는 문제일 뿐이죠. 에픽테토스는 《엥케이리디온》에서 무대에 서는 배우처럼 자신의 삶을 바라보라고 권했습니다. 당신이 역할을 선택하는 것도 아니고, 어떤 일이 일어날지 결정하지도 않으며, 그 상황을 얼마나 오래 지속할지 통제할 수 없는 것이 세상입니다. 우리는 제어할 수 없는 것들에 맞서 싸우는 대신, 그저 최선을 다해 자신에게 주어진 역할을 연기하는 것입니다.

여기서 한마디 덧붙여야겠네요. 우리는 살다보면 자신이 여러 가지 역할을 맡고 있다는 것을 깨닫게 됩니다. 어떤 것은 원한다면 틀림없이 바꿀 수도 있죠. 아무도 비참함을 느끼는 일이나 불행한 관계에 매달리는 것이 의무라고 말하지 않습니다. 하지만 분명 인간으로서의 삶과 밀접하게 관련해 우리가 손쓸 도리가 없는 일들이 더러 있습니다. 우리 중 누구도 자신의 국적, 성별, 나이, 피부색, 성적 성향을 선택하지 않았지만, 이것은 우리가 사는 방식에 중요한 영향을 미치지요.

또한 우리는 자신의 행동은 제어할 수 있지만, 행동의 결과까지 통제하지 못한다는 점도 명심해야 합니다. 모든 일이 우리가 바라거나 의도하는 대로 흘러가지는 않거든요. 간혹 우리가 최선을 다하지 않아서 그럴 때도 있지만,

때로는 우리의 손을 벗어난 다른 원인 때문이기도 하죠. 에픽테토스보다 더 이른 시기에 글을 쓴 초기 스토아 철학자 안티파트로스Antipatros는 이를 활쏘기에 비유했습니다. 아주 숙련된 궁수라도 바람의 방해를 받으면 과녁을 맞히지 못합니다. 이런 상황에서 궁수가 할 수 있는 일은 아무것도 없습니다. 의술도 마찬가지죠. 아무리 좋은 의사라고 한들, 때로는 자신의 손을 벗어난 원인 때문에 환자를 살리지 못합니다. 스토아 철학자들은 삶이 이와 같다고 생각했어요. 우리는 최선을 다하려 분투할 수 있지만 결과를 완전히 통제하는 것은 불가능하죠. 그러니 만약 우리가 원하는 결과를 얻어내는 데 행복을 결부한다면 더 많이 좌절할 것이고, 할 수 있는 한 최선을 다하는 데 목표를 둔다면 그 무엇도 우리의 행복을 방해할 수 없을 것입니다.

자신의 행동이 야기한 결과를 포함해 바깥 세계의 사건에 대해 우리가 할 수 있는 거라고는 그 흐름을 따르는 것뿐입니다. 일어나는 일에 맞서 싸우기보다는 받아들이고 함께 나아가세요. 마르쿠스 아우렐리우스는 명상을 통해 자연은 끊임없이 변화하는 과정에 있고, 안정된 것은 없으며 자신이 할 수 있는 일은 아무것도 없다고 거듭 마음을 다잡았습니다. 우리가 할 수 있는 일은 통제할 수 없다는 것을 인정하고, 이를 받아들이려고 노력하는 것이 전부입니다.

에픽테토스는 특히 통제할 수 있는 것에 관심을 집중해야 한다고 주장했습니다. 우리 손을 벗어난 것은 잊어버리고 오롯이 통제할 수 있는 일을 판단하는 데 집중한다면 결국 성품이 좋아질 것이며 이를 통해 제논이 말하는 '삶의 순리'에 다다를 수 있습니다. 그러나 단 한순간이라도 집중이 깨진다면 다시 나쁜 습관에 빠질 위험이 있으므로 경계를 늦추지 말아야 해요. 에픽테토스는 이것을 배를 조종하는 항해사에 비유했죠.

항해사에게는 배를 안전하게 조종하는 것보다 난파시키는 것이 훨씬 쉽습니다. 항해사가 할 수 있는 일은 좀 더 바람을 안고 나아가는 것뿐인데, 재난은 순식간에 닥치기 때문이지요. 실로 할 수 있는 게 아무것도 없다 말할 수 있습니다. 한순간만 한눈을 팔아도 나쁜 결과를 불러올 테니까요.

만약 우리가 무심코 주의를 흐트러뜨린다면 그동안 어떤 진전을 이루었든 처음으로 되돌아가고 말 것입니다. 그래서 일상생활에 성찰의 시간을 더할 필요가 있죠. 마르쿠스 아우렐리우스는 아침 성찰의 실천에 대해 이야기했습니다. 아침이면 아우렐리우스는 자신이 직면할 법한 문제를 더 잘 다룰 수 있도록 숙고하여 앞으로 다가올 일에 대비했습니다. 세네카도 마찬가지로 저녁 성찰의 과정을 개략적으로 제시했습니다. 하루를 거듭 살피며 자신이 무엇을 잘했고 어디서 주의를 놓쳤는지 돌아보고 내일은 어떻게 더 나은 행동을 할 수 있을지 생각했죠. 에픽테토스는 한층 더 나아갑니다. 마치 배를 조종하는 항해사처럼 매일 다음에 무슨 일이 일어날지 대비하면서 모든 순간에 계속 집중하는 것이 중요하다고요. 잘못된 판단을 내리는

우를 범하지 않으려면 우리는 이 세 철학자들의 원칙을
늘 유념해야 할 것입니다. 이것이 바로 일상의 습관이자
삶의 방식으로서의 철학입니다.

"

크리시포스는 감정이 생기는 것을 너무 빨리 달리는
것에 비유했습니다. 빠르게 달리다가 가속도가 붙으
면 쉽게 멈출 수 없고, 이때부터는 움직임을 제어하
기 힘듭니다. 감정에 사로잡히는 것도 이와 매우 비
슷합니다. 원하지 않는 감정을 마음대로 없애버릴
수는 없지만 통제할 수 없는 상태가 될 때까지 가속
도가 붙지 않도록 노력해야 합니다.

"

Ⅲ

부정적인 감정에
가속도를 붙이지 마라

순간의 감정에 따라 행동하지 않는 기술

아리아노스는 니코폴리스에 있는 철학 학교를 방문한 한 남자와 에픽테토스의 우연한 만남을 기록했는데, 이 기록은 감정에 대한 통제의 문제를 분명하게 보여주는 일례입니다. 남자는 자신에게 화를 내는 형제를 어떻게 다루어야 할지 에픽테토스에게 묻죠. "형제의 분노를 어떻게 다스릴 수 있을까요?" 늘 그렇듯 에픽테토스는 간결하게 답합니다.

아무것도 할 수 없다오. 그것은 당신에게 달린 문제가 아니니.

다른 사람의 감정은 우리에게 달려 있지 않은 것의 범주에 들어가므로 우리가 통제할 수 없다는 뜻입니다. 형제의 분노를 조절할 수 있는 사람은 형제 자신뿐이죠.

에픽테토스는 여기에서 멈추지 않고 남자가 통제할 수 있는 것, 즉 형제의 노여움을 향한 남자의 반응에 주목합니다. 남자는 형제가 화를 내서 속상해하죠. 에픽테토스는 여기서 진짜 문제는 남자의 속상한 감정이며, 이것은 남자 스스로 고칠 수 있는 문제라고 조언합니다. 남자는 형제가 분노했다고 판단하고, 그 판단이 속상함이라는 감정을 만들어낸 것이죠. 따라서 남자의 눈앞에 닥친 문제는 형제가 아니라 호소하러 온 자신에게 있는 것입니다. 이 짧은 이야기는 타인과 우리 자신 양쪽 모두의 감정이 서로서로 영향을 끼치는 방식을 잘 보여줍니다.

현대 영어에서 스토아주의자stoic라는 단어는 냉정하고 무감각하다는 의미를 지니게 되었고 이는 대개 부정적인 특성으로 받아들여져요. 하지만 요즘처럼 감정이라는 것이 꼭 좋게만 받아들여지지 않는 때라면 이 단어는 다르게 들립니다. 고대 스토아 철학자들이 차단하라고 권한 것은 사랑, 연민, 호감, 공감 등 세상에 많은 가능성을 주는 감정들이 아니었거든요. 분노, 원한, 초조함 등 주로 매력적이지 않고 부정적인 감정들이었지요.

감정에 관한 스토아 철학의 관점은 어찌 보면 이해하기 매우 쉽지만, 세세하게 살펴봐야 그 의미를 정확하게 파악할 수 있습니다. 중심이 되는 주장은 다음과 같죠. '감정은 자신이 내리는 판단의 산물이다.' 따라서 우리는 감정을 완전히 제어하고 이에 대해 책임을 집니다. 남자가 형제의 분노에 속상해하는 이유는 그 상황에 대해 자신이 취한 태도 때문입니다. 다르게 받아들였다면 속상하지 않았을지도 모르죠. 즉 스토아 철학자들의 주장은 자신의 감정을 부정하거나 억압해야 한다는 말이 아니에요. 오히려 애초에 그런 감정이 들지 않도록 노력해야 한다는 거죠. 두 번째로, 스토아 철학자들 누구도 손쉽게 감정을 없앨 수 있다고 생각하지 않았습니다. "이 일을 다르게 받아들일 거야"라고 말하는 것만으로 분노나 슬픔이 마법처럼 사라지지는 않으니까요.

크리시포스는 감정이 생기는 것을 너무 빨리 달리는 것에 비유했습니다. 빠르게 달리다가 가속도가 붙으면 쉽게 멈출 수 없고, 이때부터는 움직임을 제어하기 힘듭니다. 감정에 사로잡히는 것도 이와 매우 비슷합니다. 원하지 않는 감정을 마음대로 없애버릴 수는 없지만 통제할 수 없는 상태가 될 때까지 가속도가 붙지 않도록 노력해야 합니다.

분노에 대입해보면 이는 명확하게 드러납니다. 화가 많이 나 있는 사람을 논리적으로 설득할 수는 없죠. 이 모든 것을 아주 잘 알고 있던 사람이 에스파냐 태생의 루시우스 안나이우스 세네카 Lucius Annaeus Seneca입니다. 세네카는 로마 제국 궁정 내부에서 일하다 보니 본인의 생사여탈권을 쥐고 흔드는 파괴적 감정에 사로잡힌 사람들, 예를 들면 칼리굴라 Caligula, 클라우디우스 Claudius, 네로 같은 로마 황제와 대립하는 일이 잦았습니다. 칼리굴라 황제는 세네카의 다양한 재능을 시기해서 그에게 죽음을 명하기도 했죠. 다행히 세네카의 막역한 벗들이 앞장서서 그가 목숨이 얼마 남지 않았을 정도로 건강이 좋지 않다고 변호하여 구해냈지요.

세네카는 자신의 에세이 《화에 관하여 On Anger》에서 분노와 질투 같은 감정을 일시적인 광기로 묘사했습니다. 너무 빠르면 멈출 수가 없다는 크리시포스의 비유를 접한 세네카는 분노를 건물 꼭대기에서 내던져져 지면을 향해 무섭게 떨어지는 듯한 통제 불능의 상태에 비유했어요. 그리고 이러한 분노에 사로잡히면 마음도 타격을 받는다고 경고했죠. 이따금 짜증이 약간 나는 것은 자연스러운 감정일 뿐 실질적인 해가 되지는 않습니다. 하지만 대단히 화가 나서 누군가를 때리고 싶은 충동을 참지 못할 정도의 상황이라면 전혀 다른 문제겠죠. 스토아 철학자가 차단하고자 한 감정은 바로 이런 것입니다.

세네카는 우리에게, 또는 우리가 사랑하는 사람들에게 가해진 해로운 행위에 대응해 분노할 필요가 없다고 주장했습니다. 복수심에 맹렬히 화내는 것보다 충성심이나 의무감, 정의감으로 침착하게 행동하는 편이 늘 더 바람직하다고 했죠. 거대한 부정에 맞서 싸우는 행동도 분노보다는 용기와 정의 같은 미덕에서 비롯하는 편이 훨씬 더 낫다고 세네카는 말했습니다.

분노도 다른 모든 감정과 마찬가지로 마음속 판단이 낳은 산물입니다. 분노 역시 통제할 수 있고, 아니면 적어도 피하려고 노력할 수 있는 감정이라는 말이죠. 그러나 일단 판단이 끝나면, 분노는 구체적이고 육체적인 것이 됩니다. 세네카는 분노를 부어오르는 증상이 있는 몸의 질병이라고 표현했어요. 분노라 하면 일단은 심장이 마구 뛰거나 체온이 오르고 가슴이 두근거리거나 몸에 땀이 나는 등 수많은 신체 증상을 떠올릴 수 있습니다. 그리고 이런 증상이 나타나면, 그것을 잠재울 방법은 기다리는 것밖에는 없지요.

스토아주의에 대한 선입견과는 달리, 스토아 철학자는 사람들에게 감정이 없는 돌덩어리가 되길 권하거나 강요하지 않았습니다. 모든 사람은 세네카가 '첫 번째 움직임'이라고 부른 경험을 하게 됩니다. 어떤 일을 겪으면 마음이 움직이고, 그로 인해 긴장하거나 깜짝 놀라고, 흥분하거나 겁먹고, 심지어 울기도 하죠. 이 모든 것은 아주 정상적인 반응입니다. 스토아 철학의 관점에서 이는 몸의 생리 반응일 뿐, 감정이 아닙니다. 세네카의 말에 따르면 속상한 마음에 순간적으로 앙심이 생기더라도, 그에 따라 행동하지 않는 사람은 분노한 것이 아닙니다. 그 사람이 통제력을 유지했기 때문입니다. 또한 무언가에 순간적으로 겁을 먹었더라도 흔들리지 않는다면 공포의 감정이라 말할 수 없죠. '첫 번째 움직임'이 감정이 되려면, 어떤 끔찍한 일이 일어났다고 판단하고 그에 따라 행동하려는 마음이 있어야 합니다. 세네카는 "공포에는 도피가, 분노에는 폭행이 수반된다"라고 했죠.

이 과정에는 세 단계가 있다고 세네카는 말합니다. 첫 번째 단계는 앞에서 말한 무의식적인 첫 번째 움직임으로, 우리가 통제할 수 없는 자연스러운 생리 반응이죠. 두 번째 단계는 경험에 대응한 판단으로, 우리가 통제할 수 있습니다. 마지막 세 번째 단계가 한번 생겨나면 어쩔 수 없는 감정입니다. 일단 감정이 생기면, 할 수 있는 일이라고는 그 감정이 가라앉기를 기다리는 것뿐이죠.

그렇다면 왜 우리는 이런 해로운 감정을 만들어내는 판단을 할까요? 만약 당신이 다른 사람으로 인해 어떤 식으로든 다쳤다고 생각한다면, 그 사람에게 화를 내는 것이 지극히 당연해 보일지 모릅니다. 세네카의 표현에 따르면, 분노는 대개 상처 입었다는 의식의 산물입니다. 따라서 반드시 멀리해야 하는 것은 피해를 입었다는 느낌입니다. 그렇게 느끼는 순간 이미 판단이 포함되어버리니까요. 에픽테토스는 이렇게 표현했습니다.

> 기억하세요. 맞거나 모욕당하는 것만으로는 피해를 입지 않습니다. 자신이 피해를 입었다고 생각하고 인정해야만 피해가 성립합니다. 누군가가 당신을 도발해서 화가 나게 만들었다면, 당신의 마음도 공범이라는 것을

깨달아야 합니다.

그러니 어떤 사건에 충동적으로 반응하지 않는 것이 중요하다고 에픽테토스는 덧붙였습니다. 판단을 내리기 전에 시간의 여유를 두고 방금 일어난 일을 되돌아봐야 하는 것입니다. 누군가 당신을 비판한다면, 잠깐 멈춰서 그들의 말이 사실인지 거짓인지 골똘히 생각하세요. 사실이라면 당신은 단점을 고칠 수 있는 기회를 얻은 것이죠. 당신에게 이로운 일인 셈입니다. 비판하는 근거가 거짓이라 해도 그들이 잘못한 것이니 해를 입는 것은 오로지 그 사람들뿐이고요. 어느 쪽이든 누군가의 비판에 당신이 고통받을 이유는 없습니다. 그들의 발언이 실제로 심각하게 해를 입히는 경우는 바로 당신을 자극하여 분노를 일으킬 때뿐입니다.

세네카의 관심은 분노 같은 파괴적이고 부정적인 감정에 집중되어 있었습니다. 하지만 세상에는 분노처럼 파괴적인 감정만 있는 것은 아니죠. 긍정적이고 삶에 이로운 감

정도 분명히 존재합니다. 누가 봐도 그렇다고 인정할 만한 감정으로는 사랑이 있죠. 아이를 향한 부모의 사랑뿐만 아니라, 두 성인 간의 낭만적인 사랑 말이에요. 스토아 철학자가 이런 감정을 멀리하라고 권했을까요?

스토아학파에 따르면 아이를 향한 부모의 사랑은 피해야 하는 비이성적인 감정이 아닙니다. 정도의 차이는 있지만 보편적이고 자연스러운 본능이죠. 사람은 본래 자신을 돌보고, 생존에 필요한 것들을 추구하며, 자신에게 해를 끼칠 가능성이 있는 것을 피하는 경향이 있습니다. 모두 자신을 보호하기 위해서요. 그러한 자기 보호 본능의 영역은 곧 자신과 가장 가까운 사람들, 가족부터 시작해 모든 사람에게까지 확장됩니다. 낭만적인 사랑에 빗대어 살펴볼까요? 어쩌면 건전하지 못한 관계는 소유욕과 질투심 같은 부정적인 감정에 바탕을 둘 수 있겠지만 건전한 관계는 교제와 생식을 위한 자연스러운 욕구에 근거한다고 말할 수 있습니다. 스토아 철학자들이 사람들을 감정이 없는 돌덩어리로 만들려던 건 분명히 아닙니다.

그러므로 우리는 여전히 평상시처럼 반응해도 괜찮습니다. 화들짝 놀라 움찔하거나, 순간적으로 겁을 먹어 당황하고, 울음을 터트려도 좋아요. 가까운 이들과 끈끈하게 관계를 맺으며 살아가도 되고요. 하지만 분노, 원한, 비통함, 시기심, 강박, 끊임없는 공포나 과도한 애착 등의 부정적인 감정을 키우는 일은 하지 않도록 조심합시다. 이것들이야말로 인생을 망칠 수도 있는 감정이며, 스토아 철학자들도 피하는 게 최선이라고 했으니까요.

66

레슬링 선수는 진정한 적수와 맞붙을 때만 실력을 증명할 수 있으며, 힘든 경기는 선수의 실력을 더 키워주는 훈련이 됩니다. 삶의 역경도 비슷한 방식으로 일어납니다. 역경은 우리가 미덕을 드러낼 기회를 제공하고, 더 성장할 수 있도록 그 미덕들을 훈련시키죠.

99

IV

불행을 마주하는
최고의 방법 '사전 준비'

필연적인 역경에 대처하는 우리의 자세

✳
✳ ✳
✳

때로는 나쁜 일이 생기기도 합니다. 이 또한 삶의 일부분 이죠. 이러한 일 가운데에는 우리가 어쩌지 못하는 일이 많다는 에픽테토스의 교훈을 받아들인다고 할지라도 막 상 나쁜 일이 생기면 충격이 크게 다가올 수 있습니다. 우 리가 자신의 판단만 오롯이 통제할 수 있으며 자연의 순 리에 따라 병드는 것까지 통제하지 못한다는 사실은 충분 히 받아들일 수 있지만 육체적 고통이 아주 불쾌하고 실재 적인 역경이라는 생각까지 막을 수 있는 것은 아니니까요.

스토아 철학자에게 삶이란 역경으로 가득 차 있는 것이 며 철학의 주요 과제 중 하나는 인간이 삶의 흥망성쇠를 잘 헤쳐나가도록 돕는 일입니다. 자신이 꿈꾸던 평온하 고 고요한 삶과는 거리가 멀게 살아온 세네카는 이 사실을 누구보다 잘 알았죠. 격동의 서기 1세기, 세네카는 아들의 죽음, 코르시카에서의 오랜 유배 생활, 쉬이 그만두지도 못한 네로 황제의 고문 역할, 절친한 벗의 죽음도 모자라 설상가상으로 자살을 강요당하는 일까지 겪어야 했으니까요. 반역을 꾀하는 데 공모했다는 혐의로 네로는 늙은 스승에게 자살을 명령했습니다. 세네카의 아내 폴리나Paulina는 남편과 운명을 함께하겠다고 고집했고, 그들은 함께 손목을 그었죠. 하지만 두 사람 모두 바로 목숨을 잃지 못했어요. 아내는 살아남았고, 세네카는 독미나리즙을 마시고 나서야 한증탕에서 생을 마쳤습니다. 고요하고 '철학적인 삶'이 아니었던 것은 분명하죠.

역경을 다루는 방법에 대한 세네카의 이야기는 방금 언급한 수많은 역경이 닥치기에 훨씬 앞서 꽤 이른 나이에 쓰였습니다. 이는 그가 마흔 살 무렵에 쓴 에세이 《섭리에 대하여 On Providence》에서 찾을 수 있죠. 그때 네로 황제는 막 태어난 아기였으며, 세네카는 아직 코르시카로 유배되기 전이었습니다. 그러나 당시 세네카는 아버지를 여의고

IV. 불행을 마주하는 최고의 방법 '사전 준비'

건강 악화 문제로 칼리굴라 황제의 처형을 피하게 되면서 그와 갈등을 빚고 있었지요. 정말 나쁜 일은 시작도 되기 전이었지만 이미 질병, 생명의 위협, 사별을 겪고 있었습니다.

때때로 세네카는 엘리트 계층으로서 막대한 부를 거머쥐고는 소박한 삶의 이로움을 태연하게 찬양하는 위선자로 묘사되기도 합니다. 물론 그는 동시대인 대부분이 꿈도 못 꾸던 기회를 얻었으니 여러 방면에서 확실히 운이 좋은 사람이었죠. 하지만 그 또한 자기 몫의 힘겨운 역경을 여러 차례 겪었으며, 그에 맞서는 방법을 고민하는 데 많은 시간을 쏟았습니다.

세네카는 에세이에서 사람들이 그리도 많은 불행을 겪는 이유를 다양한 각도에서 궁리했습니다. 먼저 모든 외부의 사건이 그 자체로는 좋지도 나쁘지도 않다는 점에서 실제로 나쁜 일은 일어나지 않는다고 주장했습니다. 이런 생각을 마음에 품고 판단을 서두르지 않는 사람은 끔찍한 일도 그저 있는 그대로 받아들일 것이라고도 했죠.

그리고 세네카는 한발 더 나아갑니다. 명백히 불행한 일이라도 진정으로 나쁘게 받아들여서는 안 된다는 생각에서 그치지 않았어요. 불행도 자신에게 이로울 수 있게 기꺼이 받아들여야 한다고 생각했죠. 훌륭한 사람은 모든 역경을 훈련으로 여긴다고 세네카는 말했습니다. 그는 강한 상대를 만나면 힘을 키울 수 있지만 약한 상대를 만나면 자신의 기량을 잃게 되는 레슬링 선수에 삶을 비유했죠. 레슬링 선수는 진정한 적수와 맞붙을 때만 실력을 증명할 수 있으며, 힘든 경기는 선수의 실력을 더 키워주는 훈련이 됩니다. 삶의 역경도 비슷한 방식으로 일어납니다. 역경은 우리가 미덕을 드러낼 기회를 제공하고, 더 성장할 수 있도록 그 미덕들을 훈련시키죠. 만약 우리가 이 점을 알고 있다면, 역경이 닥쳤을 때 기꺼이 맞이할 수 있을 것입니다.

또 세네카는 잘 알려진 역사적 사례를 언급하며 인생을

군대에 비유하기도 했습니다. 장군이 가장 훌륭한 병사만을 까다로운 전투에 투입하는 것처럼, 신 역시 가장 훌륭한 사람에게만 힘겨운 시험을 치르게 한다고 말이에요. 그러니 역경을 겪는 것은 고결한 성품을 지녔다는 표시인 셈이죠.

과도한 행운은 사실 우리에게 좋지 않습니다. 어떤 시련도 겪지 않는다면 도대체 언제 시험대에 오를 수 있을까요? 모든 일이 늘 잘 풀린다면 인내와 용기, 회복력 등의 미덕들을 도대체 어떻게 발전시킬까요? 세네카는 우리를 게으르고 현실에 안주하며 감사할 줄 모르고 탐욕스러운 사람으로 만드는 끝없는 사치와 부보다 더 끔찍한 운은 없다고 말했습니다. 이것이야말로 불운이라고 했죠! 삶이 어떤 고통을 주더라도 그 역경은 늘 우리 자신에 대해 배우고 성품을 개선할 수 있는 기회가 될 것이라고 덧붙였습니다.

언뜻 보면 이 모든 것이 마치 신의 섭리에 대한 믿음에 달린 듯 보이기도 하죠. 분명 그런 믿음이 있는 사람은 세네카의 말을 희망적으로 생각하고 그에게서 큰 도움을 받을 것입니다. 그렇지 않은 사람은 어떨까요? 엄격하면서도 너그러운 신을 믿지 않는 사람에게는 이 모든 말이 그저 뜬구름 잡는 이야기가 아닐까요? 세네카가 신을 믿었는지도 궁금합니다. 세네카가 에세이를 쓴 시기는 기독교가 융성하기 훨씬 전인 서기 30년대 후반입니다. 세네카와 성 바울 St. Paul이 주고받았다는 서신들이 중세 시대에 유포되었지만 그 편지는 이제 더는 진본으로 여겨지지 않으며, 세네카가 이제 막 등장한 종교에 관해 알았을 가능성도 희박해 보이죠.

세네카가 말하는 스토아학파의 신은 생명력 넘치는 자연의 이성적 원리와 동일시해도 무방합니다. 다시 말해 그들의 신은 사람이 아니라 자연계의 질서와 구조를 설명해주는 물리적 원리인 것이죠(여기에 관해서는 다음 장에서 다시 짚어보도록 하죠). 세네카는 '신의 의지'를 언급할 때, 스토아학파가 운명과 동일시하는 조직화된 원리에 주목했습니다. 키케로Cicero의 말을 빌리자면, 스토아 철학에서 말하는 운명은 미신이 아니라 물리학 법칙에 따른 운명입니다.

이 모든 것을 감안할 때, '우리를 시험에 들게 하는 엄격한 아버지'에 관한 세네카의 이야기는 어떻게 받아들여야 할까요? 모두 수사적 효과를 위한 표현이었을까요? 아무래도 세네카의 신학적 신념에 대한 의문에 너무 심취하지 않으면서 종교관에 상관없이, 세네카의 역경론을 유효하다고 이해할 필요가 있어 보입니다. 자비로운 신을 믿든 범신론적 질서 또는 원자론적 무질서를 믿든 간에, 어떠한 사건을 엄청난 불행으로 받아들일지 기회로 받아들일지는 전적으로 우리에게 달려 있다는 것이죠.

다니던 직장에서 해고되는 일은 불행일까요, 아니면 새로운 일에 뛰어들 기회일까요? 비록 부득이하게 일어난 일이기는 하지만(누구도 현실에서 실제로 벌어진 일을 무시해도 된다고 말하지 않습니다), 우리는 이를 끔찍한 피해로 받아들일지 긍정적인 도전으로 받아들일지 선택할 수 있습니다. 그 선택이야말로 우리에게 달려 있죠.

이런 상황에서 세네카와 에픽테토스가 무엇에 역점을 두는지 보면 두 사람의 차이를 볼 수 있어요. 세네카는 겉보기에 나쁜 일을 실제 좋은 것으로, 최소한 이점이 있는 것으로라도 받아들이라고 권했죠. 반면에 에픽테토스는 일어난 일에 주목하기보다 그저 자신이 내리는 판단에 집중하라고 권했답니다.

세네카는 직접 경험한 삶의 굴곡으로 인해 역경에 대해 너무도 잘 알고 있었어요. 경험으로부터 긍정적인 무언가를 이끌어내려는 시도는 어려운 상황에 대처하려는 본인의 여러 노력 가운데 하나였을 것입니다. 코르시카에서의 유배 생활 중에 어머니 헬비아Helvia에게 "영원한 불행은 끊임없는 괴롭힘으로 사람을 더 강인하게 만드니, 결국이는 하나의 축복입니다"라고 쓴 것처럼 말이죠. 《섭리에 대하여》에 실린 글을 보면 세네카는 투쟁을 대단히 즐기

고, 자신에게 도움이 될 다음 맹공을 기꺼이 받아들일 준
비가 되어 있는 듯이 보입니다.

그러나 벗 루킬리우스에게 보낸 서신에서는 전혀 분위기
가 다르죠.

> 날마다 세상의 장애물에 대항하여 맹렬히 분투하면서
> 폭풍우가 몰아치는 삶과 큰 파도로 곧장 뛰어들라고 권
> 하는 이들의 말에 나는 동의하지 않는다네. 지혜로운
> 이는 굳이 장애물과 부딪히려 하기보다는, 묵묵히 참아
> 내겠지. 그는 전쟁보다는 평화를 택할 게야.

아무리 역경에서 유익한 교훈을 배울 수 있다 하더라도,
이성적인 사람이라면 역경을 스스로 찾아 나서지는 않을
것입니다. 하지만 역경은 틀림없이 닥칠 것이므로, 역경
을 만났을 때 대처할 기량을 미리 닦아두는 것은 우리에
게 유리한 일이죠. 세네카는 어머니에게 쓴 서신에서 역
경을 예상하지 않는 사람은 아주 큰 타격을 입지만, 역경

에 대비한 사람은 훨씬 쉽게 대처한다고 말했습니다. 이러한 생각은 비통함에 젖어 괴로워하던 벗 마르키아 Marcia 에게 쓴 위로의 서신에서도 엿볼 수 있습니다. 마르키아는 3년 전에 아들을 잃고 여전히 고통스러워하고 있었어요. 애도의 기간은 끝났지만, 이제 마르키아의 슬픔은 마음을 쇠약하게 하는 습관이 되어 있었습니다. 조정이 필요한 순간이었죠.

이 상황에 대한 세네카의 반응에서 가장 눈길을 끄는 것은 "다가올 악에 대한 사전 준비"라는 표현입니다. 이는 크리시포스 같은 초기 스토아 철학자들이 주창한 것이었죠. 일어날 수 있는 나쁜 일의 가능성에 대해 깊이 생각하는 사람이 더 잘 대처한다는 이유로요. 세네카는 마르키아가 아들이 죽을 가능성에 대해 한 번도 제대로 숙고해 보지 않은 것도 문제의 일부라고 말했습니다. 우리는 모두 태어난 순간부터 죽을 운명이라는 것을 알고 있는데도 말입니다. 죽음이란 그저 일어날 수도 있는 일이 아니라 반드시 일어날 일이죠.

세네카는 누군가의 죽음으로 인한 비통함은 크다고 말했습니다. 미리 예상하지 않기 때문이죠. 시시각각 뉴스 보도를 접하며 살고 있는 우리는 죽음과 불행이 사람에게 어떤 영향을 미치는지 늘 보고 들으면서도 자신이 비슷한 상황에 처하면 어떻게 받아들여야 할지는 거의 생각하지 않습니다. 그런 우리에게 그리고 마르키아에게 세네카는 그리 반갑지 않은 이야기를 들려줍니다. 사랑하는 사람들은 언젠가 반드시 죽음을 맞이할 것이고, 언제라도 죽을 수 있다고요. 또 우리가 통제하지 못하는 힘에 의해 평화로운 일상과 안전을 언제라도 빼앗길 수 있다고도 말했죠. 현재의 상황이 정말 최악이라고 생각할 때조차도, 언제든 더 나빠질 수 있다고 세네카는 말했습니다.

행운이 우리에게 등을 돌릴 때, 우리는 얼마나 준비되어 있을까요? 멀리 떨어진 곳의 이방인에게 일어난 일이 뉴스에서 보도되는 것을 볼 때처럼 자신의 일에도 침착하고 무심하게 반응할 수 있을까요? 뉴스를 볼 때는 그런 고통을 애석하지만 불가피한 삶의 일부분으로 인정하게 됩니

다. 자신이나 사랑하는 사람들에게 일어난 일이 아닐 때
는 '철학적으로' 받아들이기 쉽지요. 하지만 우리 차례가
되면 어떨까요?

세네카는 어떤 불행이 '나에게 일어날 줄 몰랐다'라고 생
각하는 것은 그야말로 터무니없다고 말했습니다. 특히 불
행이 닥칠 수 있다는 것을 알았고, 다른 많은 이에게 일어
나는 것도 보았을 때는요. 왜 당신은 아닐 거라고 생각하
나요? 살아 있는 모든 존재가 겪는 죽음의 필연성을 감안
한다면, 누군가의 죽음으로 비통하고 고통스러워질 것은
당연합니다. 언젠가는 일어날 일인데, 지금이라고 왜 안
일어나겠어요? 행운이 영원히 지속될 거라 생각하는 것은
이성적이지 않습니다. 세네카는 언젠가 반드시 닥칠 일들
과 역경을 깊이 생각해보는 것은 그 일이 실제로 닥쳤을
때 받을 타격을 줄이는 데에 도움이 된다고 이야기했습니
다. 미리 생각함으로써 충격의 강도를 줄이고 마음의 준
비도 더 잘할 수 있다는 말이죠.

사실상 세네카의 충고는, 일어나지 않길 바라고 생각하기도 싫은 일을 포함한 모든 만일의 사태에 대비하라는 것입니다. 모든 일이 우리가 바라거나 기대하는 대로 흘러갈 것이라고 여겨서는 안 됩니다. 절대로 그렇게 되지 않을 테니까요. 듣기 거북하더라도 이것은 중요한 가르침입니다.

66

스토아 철학자에게 운명을 생각하는 것은 역경을 해결하는 핵심적인 방법입니다. 불쾌한 일을 받아들이는 방법 중 하나는 일어나야만 했음을 수용하는 것이기 때문이죠. 어떤 일이 불가피했다는 점을 깨닫고 나면, 무의미한 탄식은 더 큰 괴로움만 낳고 세상이 돌아가는 방식을 이해하지 못했음을 드러낼 뿐이라는 사실을 알게 될 것입니다.

99

V

역경은 운명의 신이
엮어주는 기회

운명을 사랑하는 것이 행복의 지름길

✱
✱✱
✱

세네카의 삶에 비해 마르쿠스 아우렐리우스의 삶은 평온
한 편이었습니다. 아주 어릴 때 아버지를 여의었지만 청
소년기에 황실에 입양되었고, 마흔 번째 생일을 한 달 남
겨놓은 서기 161년에 황제의 자리에 올라 180년에 사망
할 때까지 지위를 유지했죠. 아우렐리우스는 국경을 강화
하느라 대부분의 시간을 제국의 북쪽 변방의 전쟁터에서
보냈지만, 그의 통치 기간은 로마 제국 역사상 훌륭한 시
대였다고 널리 알려져 있습니다.

생의 마지막이 가까워오던 무렵, 오늘날의 오스트리아 빈
과 그리 떨어지지 않은 게르마니아에서 아우렐리우스는
군사 작전을 펼치고 있었습니다. 그의 품에는 하루의 경험
을 정리하고 다음을 대비하려는 노력으로 써온 일기가 있

었지요. 그의 일기인 《명상록 Meditations》은 16세기 후반에 출판된 이후, 프레드리히 2세 Frederick the Great부터 빌 클린턴 Bill Clinton, 조앤 K. 롤링 Joan K. Rowling에 이르기까지 수많은 독자의 관심을 끌었습니다. 물론 이 책은 리더십 때문에 고심하는 고위층에게만 매력적인 것이 아닙니다. 어느 누구나 책을 집어 들면 격려받을 수 있죠. 언젠가 저에게 "저는 스물세 살입니다. 인생은 이해하기 어렵고 혼란스러우며 무엇을 위해 살아야 할지 모르겠지만, 아우렐리우스의 《명상록》은 제게 많은 도움이 되었습니다"라고 편지를 쓴 청년처럼요. 그는 《명상록》이 누군가를 살리는 책까지는 아니더라도 도움이 되는 지침서라고 보는 많은 독자 중 하나일 뿐입니다. 추측하건대 일상생활이나 직장의 책무, 사회 활동에서 오는 스트레스를 해결하고 싶은 평범한 현대인들이 아우렐리우스의 인간적인 모습에 동질감을 느끼는 듯합니다. 아우렐리우스가 로마의 황제였으며 후에 지혜로운 스토아 철학자라는 명성을 얻기는 했으나, 《명상록》에서는 인생의 고난에 맞서기 위해 최선을 다하는 초로의 남자로밖에 보이지 않으니까요.

《명상록》을 관통하는 핵심 주제 중 하나는 운명입니다. 이것은 통제력에 대한 에픽테토스의 관심을 다시 떠올리게 하죠. 아우렐리우스는 젊은 나이에 에픽테토스의 《담화록》을 읽었으며 그 영향은 그의 글 전반에 걸쳐 고스란히 드러납니다. 그러나 에픽테토스가 통제할 수 있는 것에 집중하기 위해 내면에 주목했다면, 아우렐리우스는 우리의 손이 닿지 않는 광대한 것을 깊이 생각하기 위해 밖으로 시선을 돌렸죠. 아우렐리우스는 자신의 삶을 광대한 시간 가운데 찰나 같은 순간이며, 자신의 몸을 광대한 우주의 티끌일 뿐이라고 생각했습니다.

> 시간이라는 무한한 심연의 작디작은 조각이 우리 각자에게 주어졌으며, 이는 곧 영원 속으로 사라지리라. 전 우주의 물질과 전 우주의 생명에 비하면 얼마나 작은가. 그대가 딛는 흙 한 줌의 땅은 온 세상에 비해 또 얼마나 좁은가.

또한 아우렐리우스는 후대의 우주비행사처럼 먼 우주에

79

서 지구를 내려다보듯 각 나라가 얼마나 작은지, 큰 도시들은 또 얼마나 미미한지 상상했습니다. 우주적 시각에서 보면 도시에서 걱정과 근심으로 가득한 삶을 살고 있는 사람들이야 사실상 아무것도 아닌 존재죠. 그런 점에서 우주는 우리에게 관심을 두지 않는 듯 보이며 그 이유를 알 것 같은 기분이 들기도 합니다.

엄밀히 따지자면 이는 스토아학파의 관점이 아닙니다. 스토아 철학자는 자연이 움직이고 있는 무감각한 물질 덩어리라고는 생각하지 않았죠. 앞 장에서 봤듯이 세네카는 온정주의적인 신이 자연을 다스리고 있다고 표현했습니다. 공식적으로 알려져 있는 스토아학파의 견해는 자연 그 자체에 질서와 생명력을 책임지는 이성적인 원리가 있다는 것입니다. 그들은 이를 '신(제우스라고 부르기도 해요)'이라 불렀지만, 그들의 신은 사람도, 초자연적인 무엇도 아닌 그야말로 자연이죠. 자연은 이해하기 어렵거나 혼돈하지 않고, 그 자체의 리듬과 패턴으로 질서 있고 아름답습니다. 스토아학파의 관점에서 보면 자연은 죽은 물질로 구성되어 있는 것이 아닌 하나의 살아 있는 유기체이며 우리는 모두 자연의 일부입니다.

만약 이 이야기가 자연을 바라보는 현대 과학의 시각과 모순되는 듯 들린다면, 제임스 러브록 James Lovelock 이 세운 가이아 이론 Gaia hypothesis 과의 유사점을 살펴봅시다. 러브록은 지구상의 생명체를 유기물뿐만 아니라 암석이나 대기 같은 무기물까지 포함하여 하나의 유기체로 이해할 수 있다고 이야기했습니다. 그리고 이 일원적 생물권은 그 자체에 이로운 방향으로 움직이면서 스스로를 조절한다고 말했죠. 러브록은 이를 다음과 같이 정의했습니다.

> 지구의 생물권과 대기권, 해양 및 토양을 포함하는 복합적 통일체이자, 이 행성의 생명체를 위한 최적의 물리적·화학적 환경을 모색하는 제어 기능 또는 사이버네틱 cybernetic (인공두뇌학) 시스템을 구성하는 총체.

다른 모든 과학 이론처럼 이 역시 세상에 나와 있는 증거에 대해 최선의 설명을 제공하려는 가설일 뿐입니다. 이 이론은 자연에서 생명체의 이익을 위해 작용하는 조직 원리의 한 형태를 제시하죠. 이는 기술과학 용어인 인공두뇌 시스템으로 설명할 수도, 더 시적으로 '가이아'라고 표현할 수도 있습니다. 때로는 순수 물리 용어로, 때로는 그리스 신학의 언어로 기술되는 이 20세기 후반의 과학 이론은 자연에 관한 스토아학파의 견해와 공통점이 많습니다. 스토아 철학자들에게도 '신'과 '자연'은 만물을 아우르는 하나의 살아 있는 유기체를 이르는 서로 다른 두 가지 이름일 뿐이었거든요.

스토아 철학자들이 지적 유기체로 여긴 자연은 운명에 지배됩니다. 스토아학파에게 '운명'은 인과의 사슬을 의미하죠. 자연계는 인과의 지배를 받으며, 그것이 바로 물리학이 이해하고 나타내려는 바입니다. 아우렐리우스 같은 스토아 철학자에게는 운명, 즉 인과적 결정론의 본질을 받아들이는 것이 중요했습니다. 단지 우리가 통제할 수 없다는 정도가 아니라, 다른 식으로는 풀리지 않는다는 의

미로요. 우리는 사건의 결과를 스스로 제어하지 못한다는 사실을 받아들이면서도 결과가 달라지기를 바라곤 합니다. 하지만 스토아 철학자들은 그 일이 우리의 통제하에 있지 않을 뿐만 아니라, 그 순간에 작용한 여러 원인을 고려할 때 결과가 다른 식으로 나올 일은 결코 없다고 단언했죠.

어찌 보면 이 이야기가 운명론적으로 들릴 수도 있습니다. 물질의 작디작은 입자들로 이루어진 우리가 세상을 형성하는 아주 강력한 힘 앞에서 무슨 일을 할 수 있겠냐면서요. 그렇지만 그것은 오해입니다. 스토아 철학자들은 그런 수동적인 태도를 지지하지 않았거든요. 우리의 행동은 중대한 영향을 끼치기도 하며, 사건의 결과에 기여하는 원인이 될 수도 있다고 했죠. 고대의 누군가가 말했듯이, 운명은 우리를 통해 이루어지니까요. 우리는 운명의 기여자이자 운명이 지배하는 거대한 자연계의 일부분입니다. 그렇다고 해도 여러 원인이 작용한 어떤 일이 일어날 때, 결과가 다르게 나올 수 없다는 사실이 바뀌는 것은 아니죠. 따라서 일의 결과가 달랐으면 하는 바람은 무익합니다. 아우렐리우스는 다음과 같이 말했습니다.

> 자연은 모든 것을 주고 모든 것을 되돌려받는다. 자연에게 겸손을 배운 남자는 이렇게 말할 것이다. "그대가 바라는 것을 건네고 그대가 바라는 것을 돌려받으라." 이는 반항심이 아니라 자연의 충실한 피지배자로서 하는 말이다.

스토아 철학자에게 운명을 생각하는 것은 역경을 해결하는 핵심적인 방법입니다. 불쾌한 일을 받아들이는 방법 중 하나는 일어나야만 했음을 수용하는 것이기 때문이죠. 어떤 일이 불가피했다는 점을 깨닫고 나면, 무의미한 탄식은 더 큰 괴로움만 낳고 세상이 돌아가는 방식을 이해하지 못했음을 드러낼 뿐이라는 사실을 알게 될 것입니다.

아우렐리우스의 이러한 태도는 앞서 본 세네카가 강조하는 바와 다릅니다. 세네카가 자연의 섭리에 따른 질서를 강조했다면 아우렐리우스는 일의 필연성에 더 집중했습니다. 《명상록》의 여러 구절을 비추어볼 때 아우렐리우스는 자연이 이성적이고 섭리를 따르는 체계인지, 그저 무한한 공간에서 원자가 서로 부딪히며 생기는 무작위적 축적물인지에 대해 불가지론을 따른 듯 보이죠. 그는 물리학자가 아닌 데다 황제로서의 임무가 있으니 이를 자세히 파고들 여유가 거의 없었을 테니까요. 이렇든 저렇든 아우렐리우스는 실질적인 목적에서 자연이 무엇인지 정확히 아는 것을 그다지 중요하지 않다고 생각했습니다. 자연이 신의 섭리에 따라 돌아가든 사이버네틱 시스템에 따라 가동하든 이해할 수 없는 운명의 힘이든 아니면 원자 간의 상호작용에서 생긴 우연한 산물이든, 우리의 반응은 늘 같아야 하죠. 일어나는 일을 받아들이고 할 수 있는 한 최선을 다해서 대응해야 하는 것입니다.

아우렐리우스가 다른 날, 다른 기분으로, 다른 일을 겪고 쓴 《명상록》의 한 구절에서는 그의 생각이 좀 더 분명하게 드러납니다.

전 우주적인 자연의 파장이 질서 있는 세상을 창조했다. 따라서 지금 일어나는 모든 일은 논리적인 순서를 따르고 있는 것이 틀림없다. 그렇지 않다면 우주 질서의 근본 원리인 이성의 힘이 지향하는 주요 목적은 비이성적인 것이 된다. 이 점을 유념한다면 많은 것을 좀 더 침착하게 마주할 수 있을 것이다.

세네카의 주장처럼 자연이 우리에게 이롭고 질서정연한 신의 섭리이든 아니든 간에, 아우렐리우스는 모든 일이 일어남에 어떤 질서와 이유가 있다는 사실을 이해하기만 해도 다가올 일에 대처하는 데 도움이 된다고 생각했습니다. 비록 눈앞에 벌어지는 일이 단순히 기존 상황에 물리 법칙이 더해져 생겨난 불가피한 결과일 뿐이더라도, 거기에는 늘 어떤 이유가 있다고 본 것이죠.

아우렐리우스가 일상생활에서 자연법칙의 세계에 세심하게 주의를 기울여야 한다고 생각하는 다른 이유도 있습니다. 다음 구절은 길게 인용할 가치가 있어 보입니다.

변화의 전 우주적 과정을 규칙적으로 관찰하는 습관을 들여야 한다. 주의를 기울여 부단히 정진하고, 이 습관을 철저히 익혀라. 그보다 더 정신을 고양시킬 수 있는 방법은 없다. 언제라도 모든 것을 뒤로 하고 주변 사람들을 남겨둔 채 떠나야 할지도 모른다는 사실을 깨닫게 되면, 육신의 굴레를 벗어나 온전히 정의로운 행동에 전념하고 자연에 순응하게 된다. 다른 사람이 자신에 대해 말하고 생각하거나 맞서 행동하는 것에 생각을 낭비하지 않을 수 있다. 자신의 일상적 행동이 정의롭고 운명이 나눠주는 모든 것에 만족할 수 있다.

여기서 가르침은 우리가 거대한 힘의 영향을 받으며 그 움직임에 불가피하게 휩쓸리는 자연의 일부분에 지나지 않는다는 것입니다. 이것을 완전히 이해할 때까지 우리는 결코 조화로운 삶을 즐길 수 없습니다.

66

우리는 죽음이 반드시 다가온다는 잔인한 사실을 명심해야 합니다. 우리에게 주어진 시간은 무한하지 않습니다. 그런데 앞으로 얼마만큼 남아 있는지도 전혀 알 수 없습니다. 사실 오늘이 마지막 날일 수도 있죠. 세네카는 모든 계획과 꿈을 은퇴할 때까지 미뤄두는 사람을 비웃었습니다. 당신은 그때까지 살수 있을 것이라고 정말 확신합니까?

99

VI

죽음을 기억해야
오늘이 빛난다

당신은 삶을 미루고 있지 않은가?

*
**
*

어느 누구도 자신이 언제 어떻게 죽을지 모릅니다. 하지만 현재 겪고 있는 모든 일이 언젠가 끝날 것이라는 사실은 알고 있습니다. 그런데 당신은 이 사실을 충분히 의식하며 살아가나요? 죽음의 고비를 맞아봤거나 생명을 위협하는 병을 앓았지만 결국에는 그 시기를 극복하고 인생과 앞으로 남은 시간에 감사하며 새롭고 활기차게 살아가는 사람들 이야기, 많이들 들어봤을 것입니다. 그런데 그러한 일을 겪지 않은 우리는 자신의 죽음과 얼마 남지 않은 시간에 대해서 잘 의식하지 않는 것 같습니다.

앞에서 봤듯이 세네카는 병을 얻어 죽든 괴팍한 황제의 명으로 죽든, 언제라도 죽음을 맞을 수 있다는 사실을 의식했을 것입니다. 그래서 시간의 가치와 시간을 잘 활용하는 방법에 대해 깊이 생각하게 됐죠. 놀랍게도 세네카는 삶이 길든 짧든 우리 모두가 충분히 넘칠 만큼 시간을 갖고 있다고 주장했습니다. 문제는 그 대부분을 낭비하는 점이라고 지적했죠. 시간이 가장 가치 있는 것이라는 생각은 너무 뻔하고 진부한 이야기처럼 들릴지도 모르지만, 실제로 우리 중 몇 명이나 이 점을 의식하며 살고 있는지 다시 한 번 생각해보면 좋겠습니다.

세네카는 에세이 《인생의 짧음에 관하여 On the Shortness of Life》에서 대다수에게 인생은 진정으로 시작할 준비가 되면 거의 끝나 있다고 말합니다. 우리에게 주어진 삶이 너무 짧다는 의미가 아닙니다. 문제는 우리가 시간을 너무 많이 낭비한다는 것이죠. 우리는 해야 할 일을 차일피일 미루고 별 가치도 없는 일을 추구하거나, 삶에 그다지 집중하지 않고 목표도 없이 방황합니다. 어떤 사람은 사치품을 살 만큼 부자가 되기 위해 성공하려고 고군분투하죠. 어차피 그것의 수명이 다하기 훨씬 전에 쓰레기통에 내버릴 텐데 말입니다. 또 가장 귀중한 보물인 시간이 사라지고 있다는 자각 없이, 그저 틀에 박힌 일상을 보내며 무엇에도 힘쓰지 않는 사람이 있습니다. 어떤 사람은 자신이 하고 싶은 일을 분명히 알면서도 실패에 대한 두려움으로 차일피일 미루거나 꾸물거리고 지금은 적당한 때가 아니라며 핑곗거리를 생각해냅니다. 세네카는 이렇게 사는 사람들은 살아 있는 게 아니라고 말했죠.

진정으로 살아 있음을 느끼는 순간은 매우 드뭅니다. 인생의 대부분이 그저 시간에 따라 흘러가죠. 어떻게 해야 바로잡을 수 있을까요? 세네카가 생각한 스스로 삶을 통제하고 온전히 살아가는 방법은 무엇일까요?

무엇보다도 남이 어떻게 생각하는지 더 이상 걱정하지 말아야 합니다. 다른 사람에게 깊은 인상을 남기려 노력하지 마세요. 이득을 보기 위해 남의 인정을 얻으려고 애쓰지도 마세요. 자신을 바라보는 타인의 생각에만 신경 쓰고, 자신의 생각에는 집중하지 못하는 사람이 너무 많습니다. 타인을 위해서는 기꺼이 시간을 쓰지만, 자신을 위한 시간은 거의 남겨두지 않죠. 세네카는 이를 두고 돈과 소유물은 지키려 들면서도 그보다 훨씬 귀중한 시간을 선 뜻 낭비하는 것과 똑같이 어리석다고 말했습니다.

또한 죽음이 반드시 다가온다는 잔인한 사실을 명심해야 합니다. 우리에게 주어진 시간은 무한하지 않고 시간의 상당 부분은 이미 사라졌습니다. 그뿐만 아니라 시간이 앞으로 얼마만큼 남아 있는지도 전혀 모릅니다. 사실 오 늘이 마지막 날일 수도 있죠. 어쩌면 내일이 마지막 날일 지도 모릅니다. 몇 주, 몇 달, 몇 년이 남았을 수도 있겠지 만, 유일한 진실은 우리 중 누구도 그날을 알지 못한다는 것입니다. 우리가 80세, 90세까지 나이들 것이라고 가정 하기는 너무 쉽지만, 모두가 그 나이를 맞이하지는 않습 니다.

가정이 맞든 틀리든 이러한 생각은 절대 오지 않을지도 모르는 미래로 무언가 미루도록 자꾸 우리를 부추기죠. 그리고 세네카는 모든 계획과 꿈을 은퇴할 때까지 미뤄두는 사람을 비웃었습니다. 당신은 그때까지 살 수 있을 것이라고 정말 확신합니까? 그렇다면 오랫동안 미뤄둔 일을 거뜬히 해낼 만큼 미래에도 건강하리라 확신합니까? 모든게 잘 풀린다손 치더라도, 왜 당신 인생의 대부분이 지나버릴 때까지 삶을 사는 것을 미루려고 하나요?

우리의 목표가 추구할 가치가 있는 것인지도 의심해야 합니다. 많은 사람은 부와 명성, 존경과 명예, 승진과 고위직 등의 성공을 목표로 합니다. 그렇지만 세네카는 그러한 것들을 성취한 사람이 만족하지 못하는 경우가 많으며, 그 이유는 성공과 함께 엄청난 일과 압박이 찾아오기때문이라고 말했습니다. 늘 바라던 모든 것을 얻어도 여전히 부족한 것이 있기 때문입니다. 자신을 위한 시간, 평화와 고요, 여유로운 삶 말이죠.

성공과 함께 찾아오는 문제는 이뿐만이 아닙니다. 해야할 일과 진정으로 하고 싶은 일, 심지어 삶이라는 절대적인 경험에 진지하게 임하지 않고 늘 마음이 흐트러진 상태로 살기란 너무나도 쉽습니다. 끝이 없는 소음과 방해물, 뉴스, 미디어, 소셜 미디어 …… 이 모든 것들이 어떤 것에도 온전히 집중하기 어려울 정도로 우리의 주의를 산만하게 하기 때문입니다. 세네카는 "무언가에 계속 신경을 쓰는 사람이 정작 삶은 제일 가볍게 여긴다"라고 말했죠. 사실상 세네카가 말한 사람들은 아무 일도 하지 않는 것에 사로잡혀 있습니다. 긴장을 풀지도 못하고 그렇다고 무언가에 집중하지도 못한 채 늘 초조한 상태에 빠져 있죠. 그들은 죽음을 목전에 두고야 비로소 삶의 가치를 깨닫습니다.

세네카는 우리가 이 문제를 의식하지 않는다면 얼마나 오래 사는가는 전혀 중요하지 않다고 주장했습니다. 천년만년 산다손 치더라도, 어차피 대부분의 시간을 낭비할 테니까요. 그러니 우리의 과제는 최대한 오래 살기 위해 노력하는 것이 아닙니다. 그 대신 하루하루가 우리의 마지막 날이 될 수 있음을 잊지 않고 주어진 오늘을 마음껏 누려야 합니다.

역설적으로 들릴지도 모르지만, 잘 사는 법을 배우는 일은 평생의 과업이라고 할 수 있습니다. 세네카는 과거의 현자들도 이 한 가지 과업을 달성하기 위해 기쁨과 부, 성공을 좇는 일을 포기했다고 덧붙였습니다. 그 사람들이 세네카의 말에 동의했을지는 알 수 없지만, 세네카는 자신을 위해 시간을 쓰고 잘 관리하는 것이 중요하다고 주장했습니다.

> 누구나 자신의 인생을 급히 서두르며 미래를 향한 갈망과 현재의 피로감으로 괴로워합니다. 그러나 오늘을 자신이 필요한 바에 쓰고 매일을 자신의 마지막 날인 것처럼 정리하는 사람은 내일을 갈구하지도 두려워하지도 않습니다.

하루하루가 마지막 날인 것처럼 인생을 살아간다는 생각은 조금 과민하다고 느껴질 수도 있겠네요. 또한 미래를 구상하는 데 걸리적거린다고 생각할 수도 있죠. 하지만 세네카의 말은 오늘이 정말로 마지막 날이라고 생각하라

는 얘기가 아니라는 점을 짚고 넘어가는 게 좋겠군요. 그 보다는 그렇게 될 수도 있다는 사실을 고려하라고 우리에게 일러주는 것입니다. 단지 이 모든 것의 끝이 어디인지 모른다는 점, 그것이 문제거든요. 만약 남은 시간이 딱 일 년이라는 것을 안다면 남은 시간에 맞춰 삶을 계획하고 정리하며 한순간도 허비하지 않겠지요. 그런 절박감이 없다면 모두 낭비해버리기는 너무나도 쉬워집니다.

시간의 가치에 대한 새로운 깨달음과 자신의 여가를 우선순위에 두려는 단호한 노력을 가지고, 세네카는 우리가 무엇을 해야 한다고 생각한 것일까요? 세네카는 그가 "햇볕 아래 누워 있는 일"이라고 부른 야외 활동을 포함해 게임이나 스포츠는 절대 아니라고 말했습니다. 오히려 오늘날 흔히 '레저 활동'이라고 부르는 많은 활동을 비난하기도 했죠. 가장 훌륭하고 건전한 활동으로는 철학을 추천했습니다. 철학을 통해 사고하고 깨달음을 얻으며 역사와 문학을 접하고 과거와 현재를 돌아보라는 뜻이었죠. 이는 세네카의 표현으로 "인생이라는 값을 치르며" 세속적인 성공을 좇아 뛰어다니는 삶과 반대되는 것입니다.

세네카는 에세이를 통해 서기 1세기 로마에서 비교적 부유한 자들의 문화를 격렬하게 비판했습니다. 그런데 세네카가 천박하다고 본 그들의 모습은 어떤 면에서는 무서울 정도로 오늘날의 우리와 닮아 있습니다. 우리는 인류가 지난 2000년 동안 달라졌고, 바라건대 나아졌다고 믿고 싶어합니다. 그러나 세네카는 현대인이 해결하기 위해 노력하는 많은 문제가 로마 제국 사람들이 궁리한 문제와 별반 다르지 않다는 사실을 알려주지요.

세네카가 이 글을 쓴 지 50여 년 후, 에픽테토스는 니코폴리스에서 학생들과 함께 삶과 죽음에 대해 깊이 생각했습니다. 기록에 따르면 에픽테토스는 학생들과 이야기할 때마다 삶이란 "우리에게 주어졌으나 마찬가지로 빼앗길 수도 있는 선물 같은 것"이라고 여러 차례에 걸쳐 표현했습니다. 삶은 우리의 것이 아니라 그것을 준 자연의 것이라고요. 다음은 이 범접할 수 없는 힘에 건네는 에픽테토스의 말입니다.

이제 당신은 제가 이 축제의 장을 떠나길 바라시니, 저
는 이 축제를 당신과 함께할 수 있었음에 그저 감사하
는 마음만 품고 떠납니다.

인생은 축제나 파티와 같은 이벤트이며, 모든 이벤트가
그러하듯 반드시 끝이 납니다. 좋은 시간을 선물해준 주
인에게 고마워할 것인지, 오랫동안 지속되지 않는다는 사
실에 슬퍼할 것인지는 우리 자신에게 달려 있어요.

그러니 우리는 삶은 선물이고, 언젠가 돌려주어야 할 것
으로 생각해야 합니다. 당신이 사랑하는 사람들의 삶도
마찬가지죠.

무슨 일이 생기더라도 "무언가 잃어버렸어"라고 하지
말고 그저 "돌려줬어"라고 얘기하세요. 당신의 아이가
죽었나요? 아뇨, 아이는 돌아갔습니다. 부인이 사망하

셨다고요? 아뇨, 부인은 돌아갔습니다.

우리가 지니고 있고 사랑하는 모든 것은 다 빌린 것에 지나지 않습니다. 우리는 영원히 세상에 머무르지 못하니, 무엇도 영원히 간직할 수 없죠. 이것은 인간이라는 존재에 대한 비극적이고도 시원섭섭하지만 당연한 진리입니다. 이에 대한 에픽테토스의 표현은 훨씬 직설적입니다.

> 자식이나 아내 또는 친구가 불멸의 존재가 되기를 바라는 마음은 어리석습니다. 그것은 당신이 닿을 수 없는 힘을 요하는 일이며, 당신이 갖거나 줄 수 있는 선물이 아닙니다.

에픽테토스는 아주 태연하게 우리 자신의 죽음이든 다른 누군가의 죽음이든, 그리 끔찍한 것이 아니라고 말했습니다. 지혜롭기로 이름난 인물들이 차분하게 죽음을 맞이했다는 사실을 알려주며 그렇게 끔찍해할 필요가 없다고 말했지요. 만약 죽음이 끔찍한 것이었다면, 소크라테스도 독이 든 잔을 기꺼이 마시지 않고 죽음에 대해 깊이 생각해봤을 겁니다. 죽음이 끔찍한 것이라는 믿음은 죽음에 대해 우리가 내린 판단의 산물일 뿐이죠.

우리는 얼마든지 다르게 생각할 수 있어요. 실제로 에픽테토스는 죽음에 대한 판단은 착오에서 비롯된 것이기 때문에 우리가 생각을 바꿔야 한다고 주장했습니다. 살아 있다는 공공연한 사실은 좋지도 나쁘지도 않은 것이며, 어차피 우리가 통제할 수 없는 것이라고요.

여기서 에픽테토스의 목표는 죽음에 대한 사람들의 불안을 줄여주고 사랑하는 이를 잃은 슬픔을 달래는 것이었습니다. 또한 세네카처럼 우리가 각자에게 주어진 삶의 가치를 제대로 알게 되길 바랐습니다. 《엥케이리디온》의 마지막에서 에픽테토스는 삶을 올림픽 경기에 비유했습니다. 단 하나뿐인 오늘, 시합은 우리에게 달려 있고, 이것을 더 이상 뒤로 미룰 수는 없으며, 모든 것은 당신이 바로 지금 무엇을 하느냐에 따라 달라질 것이라고요.

당신의 삶은 당신에게 속해 있는 것이 아니니 어느 때나 되돌아갈 수 있어요. 그러니 부디 삶이 계속되는 동안 즐겁게 누리세요.

"

당신이 새로이 긍정적인 습관을 익히려고 한다면, 벗어나고 싶은 것을 지니고 있는 사람과의 교제를 피하는 것이 최선일지도 모릅니다. 그 대신 가치관이 같거나 존경할 만한 가치관을 지닌 사람과 어울려보세요. 고대 철학자들이 학교로 모여들곤 했던 것도 같은 이유입니다.

"

VII

인생을 바꾸고 싶다면
옆 사람부터 돌아봐라

우리가 좋은 사람을 만나야 하는 이유

***

지금까지의 이야기 대부분이 자기중심적이고 이기적일 뿐이라고 비판하는 사람이 있을지도 모르겠습니다. 통제할 수 있는 것과 통제할 수 없는 것의 경계에 대해 에픽테토스가 한 조언은 내면의 판단에 집중하려면 외부 세계에 등을 돌리라고 조언하는 것 같기도 하죠. 마르쿠스 아우렐리우스가《명상록》에서 외부 세계를 벗어나기 위해 '내면의 요새'로 도피하는 모습을 묘사한 것도 참 인상적입니다. 그런데 자신의 행복을 위해 다른 모든 사람을 무시하면서 바깥세상으로부터 도망쳐버리는 것이 정말로 스토아 철학자가 권한 모습일까요?

천만에요. 인간은 각각 외따로 떨어진 독립체가 아닙니다. 모두 자연의 일부분이죠. 아마 스토아 철학자는 인간이 본래 사회적·정치적 동물이라고 말했던 아리스토텔레스에게 동의할 것입니다. 인간은 공동체에서 태어나죠. 태어나자마자 가족뿐만 아니라 지역사회, 국가, 궁극적으로 인류라는 공동체에 속합니다. 더욱이 앞서 본 것처럼 스토아학파는 주로 선하고 도덕적인 특성을 구축하고, 분노처럼 유해하고 반사회적인 감정을 피하는 데 중점을 뒀습니다. 그 후 다양한 공동체의 일원으로서 자신의 역할을 다하기 위해 다시 바깥으로 나아가는 것이 그들의 관점이죠.

이러한 주장을 가장 강조한 사람이 바로 에픽테토스입니다. 그는 개개인이 여러 사회적인 역할을 수행하며 살아간다고 했죠. 에픽테토스가 말한 역할 중에는 먼저 자연으로부터 주어진 역할이 있습니다. 대표적인 예가 부모죠. 동물도 마치 사람처럼 본능적으로 자기 새끼를 돌보잖아요? 또 에픽테토스는 개인이 사회적 지위나 직업과 관련된 역할도 가진다고 보았습니다. 예를 들면 직업이 의사나 행정관인 사람은 그 역할에 따라 다양한 의무와 책임에 전념하지요. 이런 중요한 직위를 가지고 있으면서 권력을 남용하거나 책무를 등한시하면 꽤 혹독한 평가를 받고요. 즉 좋은 삶을 살고자 한다면 주어진 역할에 맞춰 좋은 사람이 되어야 합니다. 다시 말해 우리는 본래 이성적이고 사회적으로 살아가는 존재입니다. 자신의 자리라고 깨달은 역할에 응하고 그에 따른 책임을 기꺼이 안고 살아간다는 의미죠.

에픽테토스의 경험담 중 이에 대해 적절한 예가 있습니다. 어느 정도 지위가 있는 사람이 니코폴리스에 있는 에픽테토스의 학교를 방문했을 때입니다. 방문객은 행정관이었으므로, 짐작건대 의무와 책임에 대한 의식이 어느 정도는 있었을 것입니다. 그 남자는 또한 아버지이기도 했죠. 에픽테토스는 그 남자에게 "가족이 모두 행복합니까?" 하고 물었습니다. 남자는 딸이 너무 심하게 아파 곁에서 지켜보고 있기 힘들어 버티지 못하고 도망쳤다고 대답했지요. 에픽테토스는 아버지로서의 역할을 소홀히 하고 다른 사람, 특히 딸의 감정은 돌보지 않고 자신의 기분에만 집착한 남자를 꾸짖었습니다. 또한 남자의 모순적인 행동을 지적했습니다. 그도 틀림없이 아픈 딸을 혼자 남겨두고 떠나면 안 된다고 생각했을 것이고, 자기가 아플 때 다른 사람에게 버림받고 싶지 않았을 텐데도 도망쳤으니까요. 그 남자는 딸에 대한 사랑 때문에 도망쳤다고 주장했습니다만, 아버지로서 딸을 사랑한다면 머물렀어야 마땅하겠죠. 결과적으로 남자는 자신의 역할을 다하지 않은 것입니다.

부모가 되는 것 같은 구체적인 역할을 넘어 훨씬 커다란 공동체, 가장 광범위하게는 인류라는 공동체의 일원이 되는 것도 생각해봅시다. 이 역할에도 의무나 책임이 따를까요? 스토아 철학자는 그렇다고 생각했습니다. 우리는 다른 사람에게 관심을 가질 의무가 있다고요. 그래야 이성을 발달시키고 스스로를 하나뿐인 지구촌의 일원으로 받아들이게 된다고 말했죠. 로마 제국의 약간 덜 알려진 (우리에게 그 생애가 거의 알려진 바 없는) 스토아 철학자 히에로클레스Hierocles는 스토아 윤리학 논문에서 이 주장을 뒷받침했습니다. 우리는 자신을 둘러싸는 것으로 시작하여 직계가족과 지역사회를 포함하고 나아가 전 인류를 포괄하는 가장 거대한 원으로 구성된 관계의 한가운데에 있다는 개념을 개략적으로 설명하면서요. 현대의 세계주의 cosmopolitanism 사상이 스토아 철학에 기원을 두고 있다는 점을 알 수 있다는 대목입니다.

즉 지역사회에서 자신의 자리를 소홀히 해서는 안됩니다. 이에 관한 세네카의 유명한 구절이 있죠.

> 두 개의 공동체가 있다고 생각해봅시다. 하나는 굉장히 방대하며 신과 인간을 똑같이 아우르는 진정한 공동의 국가죠. 그곳에서 우리는 땅 위의 이 구역 저 구역을 신경 쓰지 않으며, 그곳의 시민권은 태양이 지나는 길이면 어디든 주어집니다. 나머지 한 공동체는 우연히 태어나 속하게 된 곳이죠.

여기서 주목해야 할 점은 우리가 지역사회에서의 책임감

뿐 아니라 지역의 관습과 법률을 초월하는 전 인류에 대해서도 관심을 가져야 하는, 양쪽 공동체 모두의 일원이라는 것입니다. 두 공동체가 어긋날 경우 후자를 최우선으로 고려해야 하지만, 그렇다고 해서 전자가 사라지는 것은 아니죠.

로마에서는 철학자가 정치에 개입하는 것이 오랜 전통이었습니다. 서기 1세기에 여러 황제와 갈등을 빚은 스토아 철학자는 세네카 한 명이 아니었고, 많은 수가 황제 네로의 손에 목숨을 잃었죠. 그중 한 사람이 호민관이자 집정관이며 원로원 의원인 헬비디우스 프리스쿠스 Helvidius Priscus였습니다. 젊은 시절 철학에 관심이 많았던 프리스쿠스는 처음에 정치적 문제로 인해, 나중에는 플라비아우스 Flavius 왕조를 비판하다가 수차례 추방됐어요. 특히 베스파시아누스 Vespasianus 황제에게 저항한 것으로 유명해 에픽테토스가 두 사람의 대립에 대해 회고한 적이 있을 정도죠. 베스파시아누스가 원로원의 권위를 모욕하자 프리스쿠스는 황제에게 맞섰습니다. 물러나 있으라는 경고를 받고도 프리스쿠스는 자신의 권리를 그리고 원로원 의원 모두의 권리를 지키기 위해 신념을 굽히지 않았고요. 결국 그의 끝은 처형이었죠.

프리스쿠스는 원로원 의원으로서의 역할이나 공동체에서의 의무로부터 도망치기보다는 죽기를 각오하고 정치적 신조를 지켰습니다. 후에 아우렐리우스는 다른 스토아 순교자들과 함께 프리스쿠스를 "모두를 위한 평등 및 언론의 자유에 기초한 공동체와 기본적으로 신민의 자유를 지키는 것을 주된 과제로 삼는 군주국의 개념"을 가르쳐준 사람으로 명명했지요.

아우렐리우스는 전통적인 정치와 황제로서의 업무를 잘 이행하는 방법을 고민했을 뿐 아니라 전 인류를 아우르는 공동체 개념에도 몰두했습니다. 우리가 단일 공동체의 일부이자, 한 나무에서 나온 가지들처럼 단일 유기체의 일부라고 말했죠. 아우렐리우스는 더 넓은 공동체의 일부가 되기 위해서 다른 일원 모두와도 좋은 관계를 유지해야 한다고 덧붙였습니다.

> 나뭇가지가 주변 가지들로부터 잘려 나간다면 나무 전
> 체에서도 잘려 나가는 것은 불 보듯 뻔한 일이다. 그와
> 마찬가지로 인간 역시 단 한 명하고 관계가 끊겨도 전
> 체 공동체에서 떨어져 나간다. 그런데 나뭇가지야 누군
> 가에 의해 잘려 나간 것이지만, 사람은 대개 자신의 증
> 오나 거부로 이웃과 갈라선다. 그리고는 동료 시민들로
> 이루어진 더 넓은 사회로부터 스스로를 단절시켰다는
> 사실을 깨닫지 못한다.

다른 사람들로부터 단절되어 외따로 있을 때 행복한 사람
은 아무도 없습니다. 그것은 사회적 동물로서의 인간 본
성에 어긋나는 것이니까요.

한편으로 지금까지의 이야기는 스토아 철학자가 모든 사
람의 평등에 몰두했다는 점을 시사합니다. 이것은 우리에
게 익숙하지 않은 또 한 사람의 로마 스토아 철학자가 다

룬 주제이기도 했습니다. 그의 이름은 무소니우스 루푸스Musonius Rufus로, 서기 1세기 로마에서 철학을 강의한 이탈리아 출신 철학자였죠. 에픽테토스도 그 강의를 들었으며, 《담화록》에서도 여러 차례 루푸스를 언급했습니다. 후에 네로에게 처형당하는 스토아학파 반대자들 역시 루푸스의 강의를 들었죠.

루푸스도 세네카와 마찬가지로, 네로와 베스파시아누스에 의해 여러 번 추방되는 등 로마의 여러 황제들 때문에 고초를 겪었습니다. 한때는 물 웅덩이 하나 보이지 않는 불모의 땅인 그리스의 섬 갸라로 추방된 적도 있었죠. 그래도 루푸스는 사람들과 함께였습니다. 오래지 않아 추종자들이 루푸스를 따라 섬으로 갔거든요.

에픽테토스의 경우처럼 루푸스 역시 그를 존경하는 학생이 강의록 형태로 대신 글을 남겼습니다. 이 강의록을 살펴보면 루푸스는 한 강의에서 여성이 철학을 공부하는 것을 허용해야 하는가에 대한 질문을 받은 적이 있습니다.

이에 대해 루푸스는 여성도 남성과 똑같은 추론 능력이 있으며, 미덕을 따르려는 타고난 성향 역시 남자와 같다고 대답했지요. 그리고 앞 장에서 살펴본 스토아 철학자들의 가르침이 여성에게도 유익하리라고 덧붙였습니다.

오늘날로 치면 대단히 급진적인 사상 같아 보이지는 않습니다(좀 거들먹거리는 것 같기도 하군요). 하지만 여성의 교육과 투표권의 보편화 등이 기껏해야 백 년 정도 된 일이라는 점을 간과해서는 안 됩니다. 루푸스는 약 2000년 전에 성 평등의 한 유형을 주장한 것이죠. 스토아 철학자들이 모든 사람을 공통된 이성이라는 덕목과 미덕을 따르는 본성이 있다는 점에서 동등하게 여겼다는 것을 알 수 있는 대목입니다.

이러한 사회성과 평등에 대한 관심은 스토아 철학자들이 타인에게 무관심하다는 견해에 이의를 제기합니다. 그렇다고 해서 우리가 늘 사람에 둘러싸여 살아야 한다는 의미는 아니죠. 에픽테토스는 다른 사람과의 교제를 경계했습니다. 특히 자기 삶을 바꾸고자 하는 사람이라면 더욱 그러라고 했죠. 오래되고 파괴적인 습관에 물든 사람들에 둘러싸여 있다면, 그런 것들을 떨쳐버리려고 노력하는 일은 매우 어려우니까요. 에픽테토스는 검댕을 뒤집어쓴 사람과 스치기만 해도 자신에게 검댕이 묻는다고 표현했죠.

오늘날의 많은 대학생처럼 니코폴리스에서 공부하다가 방학을 맞아 집에 돌아가려는 학생들에게 에픽테토스는 다음과 같이 말했습니다.

> 이전의 생활방식에서 벗어나고 싶다면서 옛 친구들을 따라다녀야 하겠습니까? 그들과 어울리기 위해 예전의 버릇을 되풀이하게 되면 과거의 습관이 다시 돌아올 것입니다.

이처럼 에픽테토스는 자신이 계발하고 싶은 새로운 습관이 뿌리내릴 때까지 되도록 다른 사람과의 교제를 피하라고 권하며 매우 신중해야 한다고 조언했어요.

이 이야기에 사회적 고립까지 떠올릴 필요는 없습니다. 함께 시간을 보내는 것이 좋은 사람들도 있거든요. 좋은 습관을 지녔거나 당신과 같은 목표를 가진 사람들, 당신이 하고자 하는 것을 이해하고 가치 있게 여기는 사람들이죠. 회복 중인 알코올중독자가 오랜 술친구들 사이에서는 유혹만 느끼겠지만 같은 처지의 중독자와 만나는 치료 모임에서는 힘을 얻을 수 있을 테니까요. 에픽테토스는 모든 삶을 이런 시선으로 바라봐야 하며, 우리가 누구와 시간을 보내고 그들에게 어떤 영향을 받으며 그들의 어떤 생각과 행동을 무심결에 따라하게 될지 매우 신중하게 생각해야 한다고 이야기했습니다.

따라서 당신이 새로이 긍정적인 습관을 익히려고 한다면 벗어나고 싶은 것을 지닌 사람과는 교제를 피하는 것이 최선일지도 모릅니다. 그 대신 가치관이 같거나 존경할 만한 가치관을 지닌 사람과 어울려보세요. 고대 철학자들이 학교로 모여들곤 했던 것도 같은 이유입니다. 실제로 고대에 스토아 철학자가 되려는 사람들은 에픽테토스의 학교와 같은 장소에 모여 생각을 나누고 공부했습니다. 이렇게 함께 수련하는 모습은 다양한 종교에 나타나는 수도생활의 전통에도 영향을 끼쳤을 것입니다. 오늘날 일상생활에 스토아 철학을 도입하고 싶은 사람들이 같은 생각을 지닌 사람들과 온라인으로 또는 오프라인으로 관계를 맺으려 하는 것도 이런 까닭입니다. 에픽테토스는 잘못된

교제에 시간을 쓰는 것을 경고하고 동시에 사회적 관계가
스토아 철학을 배우는 데 도움이 되는 이유도 충분하게
제시해준 것이죠.

자신이 사회공동체를 무시할 수 있는 고립된 개인이라고
여긴다면 그건 착각일 뿐이에요. 로마의 헌신적인 스토아

철학자들은 자신의 원칙을 타협하지 않았고 폭군에 맞섬으로써, 용기와 정의의 미덕을 구현했습니다. 이처럼 스토아 철학은 정치적 소극성을 조언하기는커녕, 가장 높은 수준의 정치 행위에 나서도록 고무합니다. 우리는 본질적으로 지역사회와 지구촌 양쪽 모두의 일원이기 때문입니다.

행복한 삶에 대단한 장비는 필요 없다

지금까지 우리가 심도 있게 살펴본 생각들은 다음 글에 간결하게 함축되어 있습니다. 바로 코르시카에서 발이 묶인 세네카가 아들을 보내고 비통해하는 어머니에게 보낸 위로 서신의 일부입니다.

> 좋은 삶에 굳이 대단한 장비가 필요치 않다는 것은 자연의 의도였습니다. 인간은 누구나 행복해질 수 있는데, 여기에 외부의 도움은 어떤 방향으로도 크게 영향을 주지 못합니다. 그렇기에 현자는 행운에 신바람을 내지도, 역경에 어깨를 늘어뜨리지도 않습니다. 늘 가능한 한 자기 자신을 믿고 자신의 내면에서 모든 기쁨을 찾으려 노력하기 때문이지요.

스토아 철학자들의 사상은 여러 시대에 걸쳐 반향을 불러일으켰습니다. 세네카는 중세, 르네상스, 18세기의 계몽주의 시대에 두루 읽혔습니다. 에픽테토스의 《엥케이리디온》은 중세 초기 수사들의 안내서로 사용하기 위해 개작되었어요. 아우렐리우스의 《명상록》은 빅토리아 시대 영국에서 베스트셀러가 된 후, 여전히 가장 인기 있는 철학책으로 남아 있습니다. 이 책에 담긴 스토아 철학의 근본 사상은 20세기 중반 합리정서행동치료REBT와 같은 인지행동치료 방식을 개발하는 데도 큰 영향을 미쳤죠.

2012년, 스토아주의자처럼 사는 것이 행복 증진에 미치는 영향을 알아보는 글로벌 온라인 실험이 열렸습니다. 2만 명이 넘는 참가자가 일주일간 참여했지요. 결과는 긍정적이었습니다. 한 달 동안 실험을 한 사람들은 효과가 더 컸다고 합니다. 특히 스토아학파의 지침에 따른 사람들에게서 가장 강화된 특성은 삶을 활기차게 적극적으로 대하는 태도, 바로 열정이었습니다. 정말 예상치 못한 결과이지 않나요?

우리 모두 스토아 철학자들이 다루었던 문제에 대해 깊이 생각함으로써 도움을 얻을 수 있다면 좋겠습니다. 그러나 그들은 우리가 이러한 생각을 일상생활에 접목해야만 진정 유익한 일이 될 것이라고 주장하겠죠. 여러분, 정말 힘든 일은 이제 시작입니다.

로마 스토아 철학자 세 명의 저작은 현대 번역물로도 폭
넓게 접할 수 있습니다. 이 중 펭귄 클래식에서 발간한 책
은 다음과 같습니다(국내 출간물은 * 표시).

- 에픽테토스, 《담화록 및 선별된 글 모음 Discourses and
  Selected Writings》, 로버트 도빈 역, 2008.
- 마르쿠스 아우렐리우스, 《명상록 Meditations》, 마틴 해먼
  드 역, 2006.
- 세네카, 《대화 및 서간집 Dialogues and Letters》, C. D. N.
  코스타 역, 1997.
- 세네카, 《스토아 철학자의 편지 Letters from a Stoic》, 로빈
  캠벨 역, 1969.

아래 세 권의 책은 펭귄 그레이트 아이디어 시리즈에서

찾을 수 있습니다.

- 에픽테토스, 《인간의 자유 Of Human Freedom》, 로버트 도빈 역, 2010.
- 마르쿠스 아우렐리우스, 《명상록 Meditations》, 맥스웰 스타니포스 역, 2004.
- 세네카, 《인생의 짧음에 관하여 On the Shortness of Life》, C. D. N. 코스타 역, 2004.

오늘날 스토아학파의 사상을 활용해 삶의 태도를 설명하는 책이 다수 출간되었습니다. 출간 순서에 따라 나열합니다.

- 윌리엄 B. 어빈, 《직언 A Guide to the Good Life*》, 옥스퍼드

대학교출판부, 2009.

- 도널드 로버트슨, 《스토아 철학과 행복의 기술 Stoicism and the Art of Happiness》, 호더앤드스토턴, 2013.

- 라이언 홀리데이&스티븐 핸슬먼, 《하루 10분, 내 인생의 재발견 The Daily Stoic*》 프로필, 2016.

- 마시모 피클리우치, 《그리고 나는 스토아주의자가 되었다 How To Be a Stoic*》, 라이더, 2017.

로마 스토아 철학자들에 관해 더 자세히 알고 싶은 독자들에게는 다음의 책들을 추천합니다.

- 피에르 아도, 《내면의 요새: 마르쿠스 아우렐리우스의 명상록 The Inner Citadel: The Meditations of Marcus Aurelius》, 하버드 대학교출판부, 1998.

- A. A. 롱, 《에픽테토스: 스토아 철학자와 소크라테스식 삶의 지침서 Epictetus: A Stoic and Socratic Guide to Life》, 옥스퍼드대학교출판부, 2002.
- 에밀리 윌슨, 《세네카: 인생 Seneca: A Life》, 펭귄북스, 2015.

스토아 철학, 특히 초기 아테네 스토아 철학에 대해 더 알고 싶은 독자들은 다음 책으로 시작하길 권합니다.

- 브래드 인우드, 《스토아 철학 입문서 Stoicism, A Very Short Introduction》, 옥스퍼드대학교출판부, 2018.
- 존 셀라스, 《스토아 철학 Stoicism》, 루트리지, 2014.

스토아 철학 전문 웹사이트와 온라인 콘텐츠도 많은데,

그중 하나인 www.modernstoicism.com을 소개합니다. 이곳에서는 행복 증진에 미치는 영향을 알아보기 위해 매년 '스토아 철학과 함께하는 일주일'이라는 실험을 하고 있으며, 스토아 철학을 일상생활에 접목시키는 데 관심 있는 사람들의 연례 모임인 '스토이콘'을 운영하고 있습니다.

I. 영혼을 돌보는 의사, 철학자

* * *

에픽테토스는 《담화록》에서 철학자의 학교를 병원에 비유합니다(3.23.30). 소크라테스는 플라톤의 《알키비아데스 Alcibiades》에서 철학자를 의사에 비유하고(127e-130c), 플라톤의 《소크라테스의 변명 Apology》에서는 사람들에게 자신의 영혼을 돌보라고 훈계합니다(29d-30b). 또한 플라톤의 《에우튀데모스 Euthydemus》에서는 외부의 것에 고유한 가치가 없다고 주장하죠. 통에 살면서 소박한 삶을 받아들였던 시노페의 디오게네스 이야기는 디오게네스 라에르티오스의 《저명한 철학자들의 삶 Lives of the Eminent Philosophers》에서 참조했습니다(6.23, 6.37). 외부의 것에 대한 제논의 견해 또한 디오게네스 라에르티오스의 기록에 실려 있습니다(7.102-7). 마지막으로 아리스토텔레스

는 자신의 저서 《니코마코스 윤리학 Nicomachean Ethics》에서
관대함에 대해 논했습니다(4.1).

Ⅱ. 당신의 판단이 당신을 결정짓는다

＊＊＊

우리 힘으로 해결이 가능한 것과 그렇지 않은 것에 대한
에픽테토스의 대조는 《엥케이리디온》에서 볼 수 있습니
다. 마르쿠스 아우렐리우스는 《명상록》에서 사물에 대한
물리적인 설명을 하죠(6.13). 자신을 무대에 서는 배우처
럼 생각하라는 표현 역시 에픽테토스의 《엥케이리디온》
을 참조했습니다. 활쏘기에 대한 안티파토루스의 비유
는 키케로의 《최고선악론 On Ends》에서 찾을 수 있습니다
(3.22). 아우렐리우스는 《명상록》에서 전 우주의 변화에
관해 이야기합니다(2.17). 제논의 구절은 디오게네스 라

스토아 철학인한 사람들을 위한 철학 수업

에르티오스의 기록에 실려 있습니다(7.88). 에픽테토스의 "항해사에게는 배를 안전하게……" 구절은《담화록》에서 나온 것입니다(4.3.5). 아침과 저녁의 성찰은 아우렐리우스의《명상록》(2.1)과 세네카의《화에 관하여》를 참조했습니다(3.36.1-3). 에픽테토스가 지속적인 집중을 주장한 글은《담화록》에서 찾을 수 있습니다(4.12).

III. 부정적인 감정에 가속도를 붙이지 마라

* * *

에픽테토스는《담화록》에서 분노하는 형에 대한 남자의 질문에 답합니다(1.15). 크리시포스의 걷잡을 수 없는 감정에 대한 묘사는 갈레노스의《히포크라테스 선서와 플라톤 On the Doctrines of Hippocrates and Platon》에 기록되어 있습니다(4.2.15-18). 세네카에 대한 칼리굴라의 증오는 카시우스

디오의 기록에 실려 있습니다(59.19). 세네카는 《화에 관하여》에서 감정을 일시적 광기로 표현합니다(1.1.2). 땅에 부딪히는 것에 대한 비유도 같은 책을 참조했습니다(1.7.4). "첫 번째 움직임" 역시 《화에 관하여》에서 찾을 수 있는 표현입니다(2.2.4-2.3.5). 세네카의 말 "공포에는 도피가……"도 같은 책에 실려 있습니다(2.3.5). 에픽테토스의 "기억하세요. 맞거나……"는 《엥케이리디온》에 나온 구절입니다(20).

IV. 불행을 마주하는 최고의 방법 '사전 준비'

* * * *

네로의 명령에 따른 세네카의 죽음은 타키투스의 《연대기 Annals》에 기록되어 있습니다(15.60-64). 세네카는 《섭리에 대하여》에서 역경을 훈련으로 풀이하며(2.2), 레슬링 비유(2.3), 병사 비유(4.8) 또한 이 책에 실려 있습니다. 키케로는 자신의 저서 《신들의 본성에 관하여 On Divination》에서 '물리학 법칙에 따른 운명 the fate of physics'이라는 표현을 썼습니다(1.126). 세네카는 《어머니 헬비아를 위한 위안서 Consolation to Helvia》에 "영원한 불행은……" 구절을 썼습니다(2.3). 또한 같은 책에서 역경에 대비하는 것에 대해 언급했죠(5.3). "날마다 세상의 장애물에……" 구절은 《루킬리우스 서간집 Letters to Lucilius》에서 발췌한 것입니다(28). 그리고 세네카는 《마르키아를 위한 위안서 Consolation to Marcia》에서 미래의 역경에 대비하는 일을 숙고합니다(9.1-2).

V. 역경은 운명의 신이 엮어주는 기회

* * *

아우렐리우스는 《명상록》에서 "시간이라는 무한한……"
이라고 씁니다(12.32). 관점의 예도 같은 책에 실려 있습
니다(9.30). 제임스 러브록은 가이아 이론을 《가이아: 살
아 있는 생명체로서의 지구 Gaia: A New Look at Life on Earth*》(옥
스퍼드대학교출판부, 1979 출간, 2000년 재출간)에서 인
용했지요(10). 우리를 통해 이루어지는 운명의 묘사는 아
프로디시아스의 알렉산드로스의 《운명 On Fate》에 나온 구
절입니다(181,14). 아우렐리우스는 《명상록》에서 "자연은
모든 것을 주고……"라고 쓰고 있죠(10.14). 또 같은 책에
서 원자와 신의 섭리를 대조합니다(9.39). 그 외에도 "전
우주적인 자연의 파장은……(7.75)"과 "변화의 전 우주적
과정을……(10.11)" 또한 같은 책에서 찾을 수 있습니다.

VI. 죽음을 기억해야 오늘이 빛난다

* * *

인용구 "무언가에 계속……"은 세네카의 《인생의 짧음에 관하여》에서 따온 것입니다(7.3). 또한 "누구나 자신의 인생을……(7.8-9)"과 "인생이라는 값을 치르며(20.1)"라는 표현도 같은 책에서 나온 구절입니다. 에픽테토스의 첫 번째 인용문 "이제 당신은 제가……"는 《담화록》에 실려 있으며(3.5.10), "무슨 일이 생기더라도……(11)"와 "자식이나 아내……(14)"는 《엥케이리디온》에서 인용했습니다.

VII. 인생을 바꾸고 싶다면 옆 사람부터 돌아봐라

* * *

《명상록》에서 아우렐리우스는 '내부 요새'로 도피하는 모습을 묘사합니다(8.48). 아리스토텔레스는 《정치학 Politics》에서 인간을 정치적 동물로 묘사합니다(1.2). 아픈 딸이 있는 남자 이야기는 《담화록》에 실려 있죠(1.11). 히에로클레스의 '관계의 고리'는 스토바에우스의 기록에 실려 있습니다(4,671,7-673,11). 세네카의 인용구 "두 개의 공동체가……"는 《여가 On Leisure》에 나온 구절이죠(4.1). 에픽테토스는 《담화록》에서 힐베디우스 프리스쿠스를 떠올립니다. 아우렐리우스의 《명상록》에서는 "모두를 위한 평등……(1.14)"과 "나뭇가지가 주변……(11.8)"을 인용했습니다. 무소니우스 루푸스의 유배는 필로스트라토스의 《아폴로니오스의 생애 Life of Apollonius》에 기록된 것입니다(7.16). 무소니우스는 《비평 Diatribes》에서 여성의 철학 교육을 옹호하죠(3,4). 에픽테토스가 나쁜 습관을 가진 사람들과 교제할 때의 위험성에 대해 논한 부분은 《담화록》에 있습니다(3.16, 4.2).

에필로그

* * *

"좋은 삶에 굳이……" 구절은 세네카의《어머니 헬비아를 위한 위안서》에서 인용한 것입니다. 스토아 철학이 후대에 미친 영향이 궁금한 독자들에게는《루트리지 스토아 철학 편람 The Routledge Handbook of the Stoic Tradition(존 셀라스 편, 루트리지, 2016)》을 추천합니다.

찾아보기

지은이

존 셀라스 John Sellars

로열홀러웨이런던대학교 철학과 교수. 킹스칼리지런던대학교의 객원연구원이자, 아리스토텔레스 프로젝트의 고대 해설가 그룹에 소속해 있다. 또 옥스퍼드대학교 울프슨컬리지의 일원으로서 인재양성프로그램(Junior Research Fellowship)을 진행했다. 저서로는 《삶의 예술: 자연과 철학의 기능에 관한 스토아주의 The Art of Living: The Stoics on the Nature and Function of Philosophy》《헬레니즘 시대의 철학 Hellenistic Philosophy》 등이 있다.

존 셀라스는 '모던스토아주의(Modern Stoicism)' 창립 멤버 중한 명이다. 모던 스토아주의에서 주관하는 '일주일 동안 스토아주의자로 살아보기' 프로그램은 2012년부터 시작해 지금까지 2만 명이 참여했으며 참여자들의 행복도는 매우 높아 BBC 라디오를 포함한 수많은 매체에서 소개됐다. 또한 매년 현대인의 삶에 스토아주의를 어떻게 적용할 수 있을지 강연하고 토론하는 스토이콘(Stoicon)도 열고 있는데, 존 셀라스는 이 자리에서 라이언 홀리데이, 줄스 에번스, 윌리엄 B. 어빈 등과 함께 스토아철학을 대중적으로 알리는 데 힘쓰고 있다.

옮긴이

송민경

러시아 이르쿠츠크국립언어대학교에서 러시아어를 전공했다. 〈비욘드 드림즈〉〈슬레이어〉 등 다수의 영화 및 다큐멘터리 영상 번역 작업을 했다. 글밥 아카데미를 수료한 후, 현재 바른번역 소속 번역가로 활동 중이다. 원작자의 글을 온전히 독자에게 전달하기 위해 노력하고 있다.

사는 게 불안한 사람들을 위한 철학 수업

초판 발행 · 2020년 6월 15일

지은이 · 존 셀라스
옮긴이 · 송민경
발행인 · 이종원
발행처 · (주)도서출판 길벗
브랜드 · 더퀘스트
출판사 등록일 · 1990년 12월 24일
주소 · 서울시 마포구 월드컵로 10길 56(서교동)
대표전화 · 02)332-0931 | **팩스** · 02)323-0586
홈페이지 · www.gilbut.co.kr | **이메일** · gilbut@gilbut.co.kr
대량구매 및 납품 문의 · 02) 330-9708

책임편집 · 안아람(an_an3165@gilbut.co.kr) | **디자인 및 전산편집** · 박상희
제작 · 이준호, 손일순, 이진혁 | **영업마케팅** · 한준희 | **웹마케팅** · 이정, 김선영
영업관리 · 김명자 | **독자지원** · 송혜란, 홍혜진

일러스트 · 김보통 | **CTP 출력 인쇄 제본** · 상지사

ISBN 979-11-6521-154-7 03100
(길벗 도서번호 040142)
정가 13,500원

독자의 1초까지 아껴주는 정성 길벗출판사
(주)도서출판 길벗 | IT실용, IT/일반 수험서, 경제경영, 인문교양·비즈니스 (더퀘스트),
취미실용, 자녀교육 www.gilbut.co.kr
길벗이지톡 | 어학단행본, 어학수험서 www.gilbut.co.kr
길벗스쿨 | 국어학습, 수학학습, 어린이교양, 주니어 어학학습, 교과서 www.gilbutschool.co.kr

페이스북 www.facebook.com/thequestzigy
네이버 포스트 post.naver.com/thequestbook